Tiny Stories for Spanish Learners

Short Stories in Spanish for Beginners and Intermediate Learners

Juan Garcia

This book was designed using resources from www.freepik.com

greenthumbpublishing@gmail.com

Contents

Introduction

Reading in a foreign language is one of the most effective ways for you to improve language skills and expand vocabulary. However, it can sometimes be difficult to find engaging reading materials at an appropriate level that provide a feeling of achievement and a sense of progress. Most books and articles written for native speakers can be too long and difficult to understand or may have very high-level vocabulary so you feel overwhelmed and give up. If these problems sound familiar, then this book is for you!

Tiny Stories for Spanish learners is a collection of 25 unconventional and entertaining short stories that are designed to help beginner to intermediate level Spanish learners improve their language skills.

These short stories create a supportive reading environment by including;

- Rich linguistic content in different genres to keep you entertained and expose you to a variety of word forms.
- Shorter stories in chapters to give you the satisfaction of finishing stories and progressing quickly.
- Texts written at your level so they are more easily comprehended and not overwhelming.
- English translation on alternating pages so you can directly refer to it line by line while reading the Spanish story.
- Key vocabulary is printed **bold** throughout the story and translation to help you understand unfamiliar words more easily.
- Comprehension questions to test your understanding

of key events and to encourage you to read in more detail.

So whether you want to expand your vocabulary, improve your comprehension, or simply read for fun, this book is the biggest step forward you will take in your studies this year. Tiny stories for Spanish learners will give you all the support you need, so sit back, relax, and let your imagination run wild as you are transported to a magical world of adventure, mystery and intrigue – in Spanish!

How to use this book

Reading is a difficult talent to master. We use a range of micro-skills to help us read in our native languages. For example, we might skim a passage to get a rough understanding, or gist, of what it's about. Alternatively, we might comb through numerous pages of a train schedule in search of a specific time or location. While these micro-skills are second nature when reading in our native languages, research reveals that we often forget most of them when reading in a foreign language. When learning a foreign language, we normally begin at the beginning of a text and work our way through it, trying to understand every single word. Inevitably, we come across unfamiliar or complex terms and become annoyed by our inability to comprehend them.

One of the biggest advantages of reading in a foreign language is that you are exposed to a vast number of phrases and expressions that are used in everyday situations. Extensive reading is a term used to describe reading for pleasure in order to learn a language. It's not like reading a textbook, when conversations or texts are designed to be read slowly and carefully with the goal of comprehending every word. "Intensive reading" refers to reading that is done to achieve specific learning goals or complete tasks. To put it another way, thorough reading in textbooks usually aids in the learning of grammar rules and particular vocabulary, but extensive reading of stories aids in the learning of natural language.

Tiny stories for Spanish learners will provide you with opportunities to learn more about natural Spanish language in use, although you may have started your language learning journey with solely textbooks. Here

are a few pointers to keep in mind as you read the stories in this book to get the most out of them: When it comes to reading, enjoyment and a sense of accomplishment are critical. You keep coming back for more because you enjoy what you're reading. Reading each story from beginning to end is the best method to enjoy reading stories and feel accomplished. As a result, the most crucial thing is to get to the end of a story. It's actually more crucial than knowing every single word

The more you read, the more you will gain knowledge. You will quickly have a knowledge of how Spanish works if you read larger books for pleasure. However, keep in mind that in order to get the full benefits of extensive reading, you must first read a sufficiently substantial volume. Reading a few pages here and there may teach you a few new words, but it won't make a significant difference in your overall level of Italian.

Accept the fact that you will not comprehend everything you read in a novel. This is, without a doubt, the most crucial point! Always remember that not understanding all of the words or sentences is entirely acceptable. It does not imply that your language skills are inadequate or that you are performing poorly. It indicates that you are actively involved in the learning process.

Reading guide

In order to get the most from reading Tiny Stories for Spanish Learners, it will be best for you to follow this simple six-step reading process for each chapter of the stories:

1. Read the chapter title. Think about what the story might be about. Then read the story all the way through. Your aim is simply to reach the end of the story. Therefore, do not stop to look up words and do not worry if there are things you do not understand. Simply try to follow the plot.

2. When you reach the end of the story, scan the English translation to see if you have understood what has happened and pick up any context you may have missed.

3. Go back and read the same story again. If you like, you can focus more on story details than before, but otherwise simply read it through one more time.

4. Next, work through the comprehension questions in Spanish to check your understanding of key events in the story. If you do not understand the questions fully, do not worry. Use you knowledge to answer as best you can.

5. At this point, you should have some understanding of the main events of the chapter. If not, you may wish to re-read the chapter a few times using the translation to check unknown words and phrases until you feel confident.

Once you are ready and confident that you understand what has happened – whether it's after one reading of the story or several – move on to the next story and continue enjoying the story at your own pace, just as you would any other book.

Only once you have completed a story in its entirety should you consider going back and studying the story language in more depth if you wish. Or instead of worrying about understanding everything, take time to focus on all that you have understood and congratulate yourself for all that you have done.

Tiny Stories

for Spanish Learners

Fiesta de la Tomatina

La Fiesta de la Tomatina es un acontecimiento único que tiene lugar en la pequeña ciudad de Buol, España. Cada año, el último miércoles de agosto, los lugareños y los **visitantes** se reúnen para **participar** en lo que se conoce como la mayor pelea de comida del mundo. Durante una hora, los participantes se lanzan **tomates** hasta que las calles quedan inundadas de pulpa roja y zumo. Es una experiencia emocionante que todo el mundo debería probar al menos una vez. Siempre había querido vivir la Fiesta de la Tomatina, y por fin tuve la oportunidad el año pasado. Al principio estaba un poco nerviosa, sin saber qué esperar. Pero en cuanto los tomates empezaron a volar, todos mis temores se desvanecieron. Fue muy divertido. Nunca me había **reído tanto en** mi vida. Y quedar cubierto de pies a cabeza de jugo de tomate es extrañamente satisfactorio. Si buscas una experiencia realmente única y memorable, ¡pon el Festival de la Tomatina en tu lista de deseos! Después de una hora de lanzar tomates sin parar, las calles eran un desastre resbaladizo. Era difícil caminar sin resbalar, y aún más difícil ver **a través de** todo el jugo rojo que ahora corría por mi cara.

Pero no me importó, ¡me lo estaba pasando como nunca! La **Fiesta de** la Tomatina es **algo que** todo el mundo debería experimentar al menos una vez en su vida. Cuando el lanzamiento de tomates llegó a su fin, todo el mundo estaba agotado pero feliz. Nos

La Tomatina Festival

The La Tomatina Festival is a unique event that takes place in the small town of Buol, Spain. Every year on the last Wednesday of August, locals and **visitors** alike come together to **participate** in what has become known as the world's biggest food fight. For one hour, participants pelt each other with **tomatoes** until the streets are awash with red pulp and juice. It's an exhilarating experience that everyone should try at least once! I had always wanted to experience the La Tomatina Festival for myself, and finally got my chance last year. I was a little nervous at first, not knowing what to expect. But as soon as the tomatoes started flying, all my fears melted away. It was so much fun! I've never **laughed** so hard in my life. And getting covered from head to toe in tomato juice is strangely satisfying. If you're looking for a truly unique and memorable experience, put the La Tomatina Festival on your bucket list! After an hour of non-stop tomato throwing, the streets were a slippery mess. It was difficult to walk without slipping, and even harder to see **through** all the red juice that was now running down my face.

But I didn't mind – I was having the time of my life! The La Tomatina **Festival** is definitely **something** everyone should experience at least once in their lifetime. When the tomato throwing finally came to an end, everyone was exhausted but happy. We all helped each other clean up, hosing down the streets and each other. And then it was time to party! The rest of the day was filled with music, dancing, and celebrating. It was an

ayudamos mutuamente a limpiar, limpiando las calles y a los demás. Y entonces llegó la hora de la fiesta. El resto del día se llenó de música, baile y celebración. Fue una **experiencia** increíble que nunca olvidaré. Me desperté temprano el día del festival, con el corazón palpitando de emoción. Estaba impaciente por empezar. Después de un rápido desayuno, me dirigí al centro de la ciudad, donde tenía lugar toda la acción. Las calles ya estaban llenas de gente y el aire estaba cargado de expectación. Precisamente a las 11 de la mañana se lanzó el primer tomate. Y a partir de ese momento, el caos fue **total**. Un tomate tras otro voló por los aires mientras **todos** luchaban por conseguir su parte.

Fue divertidísimo, caótico y muy divertido. Nunca me había reído tanto en mi vida. Al final, agotados de tanto lanzar (y ser lanzados), **nos** dimos por vencidos y volvimos a nuestros hoteles para un merecido descanso. Pero no sin antes hacer planes para volver el año que viene, ¡más grande y mejor que nunca! Todavía no puedo creer que esté aquí, en el Festival de la Tomatina. Es **algo que** siempre he querido **experimentar,** y ahora por fin tengo la oportunidad. En cuanto los tomates empezaron a volar, todos mis miedos se desvanecieron. Esto es muy divertido. Nunca me he reído tanto en mi vida. Y quedar cubierto de pies a cabeza de jugo de tomate es extrañamente satisfactorio. Las calles son un desastre resbaladizo, y es **difícil** caminar sin resbalar. Pero no me importa, me lo estoy pasando como nunca.

incredible **experience** that I will never forget. I awoke early on the day of the festival, my heart pounding with excitement. I could hardly wait to get started! After a quick breakfast, I made my way to the centre of town, where all the action was taking place. The streets were already filled with people, and the air was thick with anticipation. At precisely 11 a.m., the first tomato was thrown. And then it was **complete** chaos! Tomato after tomato flew through the air as **everyone** fought to get their share.

It was hilarious and chaotic and so much fun! I had never laughed so hard in my life. Eventually, exhausted from all the throwing (and being thrown at), we called it quits and **headed** back to our hotels for a well-deserved rest. But not before making plans to come back next year—bigger and better than ever! I still can't believe I'm here – at the La Tomatina Festival! It's **something** I've always wanted to **experience**, and now I'm finally getting my chance. As soon as the tomatoes started flying, all my fears melted away. This is so much fun! I've never laughed so hard in my life. And getting covered from head to toe in tomato juice is strangely satisfying. The streets are a slippery mess, and it's **difficult** to walk without slipping. But I don't mind – I'm having the time of my life!

Preguntas de comprensión

1. ¿Qué es la Fiesta de la Tomatina?

2. ¿Cuándo se celebra la Fiesta de la Tomatina?

3. ¿Qué hacen los participantes en la Fiesta de la Tomatina?

4. ¿Cómo se sentía el autor antes de vivir la Fiesta de la Tomatina?

5. ¿Cómo se sintió el autor después de vivir la Fiesta de la Tomatina?

6. ¿Cuál fue la parte favorita del autor de la Fiesta de la Tomatina?

7. ¿Qué fue lo más difícil de la Fiesta de la Tomatina?

8. ¿Recomendaría el autor la Fiesta de la Tomatina a otras personas?

9. ¿Cuáles son los planes del autor para el futuro?

Comprehension Questions

1. What is the La Tomatina Festival?

2. When does the La Tomatina Festival take place?

3. What do participants do at the La Tomatina Festival?

4. How did the author feel before experiencing the La Tomatina Festival?

5. How did the author feel after experiencing the La Tomatina Festival?

6. What was the author's favorite part of the La Tomatina Festival?

7. What was the most difficult part of the La Tomatina Festival?

8. Would the author recommend the La Tomatina Festival to others?

9. What are the author's plans for the future?

Encierro

Los encierros son un acontecimiento anual que se celebra en Pamplona, España. Cada año, **cientos** de personas de todo el mundo acuden a Pamplona para participar en los festejos. El evento dura nueve días y culmina con un encierro por las calles de Pamplona. Durante la mayor parte del año, Pamplona es una ciudad española aletargada, pero durante los encierros cobra vida. Las **calles** se llenan de gente de todas las clases sociales, todos allí para vivir una experiencia única. Muchos de los participantes llevan la ropa **tradicional** española, mientras que otros se disfrazan de forma extravagante. Algunos incluso se pintan el cuerpo con sangre de toro. Nada más comenzar la fiesta, se respira una sensación de **excitación en el** aire. Todo el mundo sabe que, en cualquier momento, un toro puede bajar a toda velocidad por una de las **estrechas** calles de Pamplona.

Pero también saben que esto es parte de lo que hace que el **encierro sea** tan emocionante. **Los espectadores se alinean a** lo largo del recorrido, animando y agitando banderas mientras esperan la aparición de los toros. A las 8 de la mañana se sueltan los toros y comienza la carrera. Inmediatamente, las calles se llenan de gente que corre por su vida. Los toros cargan a través de las estrechas calles, derribando a cualquiera que se interponga en su camino. El aire está lleno de polvo y el sonido de los cascos golpeando **el pavimento**. Algunos participantes

Running of the Bulls

The Running of the Bulls is an annual event that takes place in Pamplona, Spain. Every year, **hundreds** of people from all over the world come to Pamplona to take part in the festivities. The event lasts for nine days and culminates with a bull run through the streets of Pamplona. For most of the year, Pamplona is a sleepy Spanish town, but during the Running of the Bulls it comes alive. The **streets** are filled with people from all walks of life, all there to experience something unique. Many participants wear **traditional** Spanish clothing, while others dress up in outrageous costumes. Some even paint their bodies with bulls' blood! As soon as the festival begins, there is a sense of **excitement** in the air. Everyone knows that at any moment, a bull could come barreling down one of Pamplona's **narrow** streets.

But they also know that this is part of what makes the **Running** of the Bulls so thrilling. **Onlookers** line up along the route, cheering and waving flags as they wait for the bulls to appear. The bulls are released at 8 a.m. sharp and the race begins. Immediately, the streets are filled with people running for their lives. The bulls charge through the narrow streets, knocking over anyone who gets in their way. The air is thick with dust and the sound of hoofs pounding on **pavement**. Some participants try to outrun the bulls, while others simply try to stay out of their way. It's not uncommon for people to get **trampled** or gored by bulls during a run. In fact,

intentan dejar atrás a los toros, mientras que otros simplemente intentan apartarse de su camino. No es raro que la gente sea **pisoteada** o corneada por los toros durante el encierro. De hecho, se considera parte de la diversión. Muchos corredores llevan pañuelos rojos alrededor del cuello, ya que creen que les protegerá de ser heridos por un toro. Los toros son finalmente acorralados al final del recorrido, y los corredores respiran aliviados. Han superado otro encierro. Ahora, es el momento de **celebrarlo**.

Las calles están llenas de gente bailando, cantando y bebiendo. El ambiente es electrizante y todo el mundo está muy animado. Ha sido un festival **exitoso** y todo el mundo está deseando que llegue la edición del año que viene. A la mañana siguiente, las calles están vacías y tranquilas. Es difícil creer que hace apenas 24 horas estaban llenas de gente corriendo por sus vidas. Ahora, sólo **quedan** algunos pañuelos rojos dispersos y algunas flores pisoteadas. Los toros hace tiempo que han vuelto a sus corrales y la fiesta ha terminado. Pero el recuerdo del encierro de este año permanecerá en la memoria de los **participantes** durante años. Para algunos, el encierro es una experiencia única en la vida. Pero para otros, es una tradición anual. Todos los años vuelven a Pamplona para participar en los **festejos** y probar su suerte contra los toros. Saben que no siempre es seguro, pero eso es parte de lo que lo hace tan emocionante. El peligro es parte de lo que les hace volver por más.

it's considered part of the fun! Many runners wear red scarves around their necks as they believe it will protect them from being harmed by a bull. The bulls are finally corralled at the end of the route, and the runners breathe a sigh of relief. They've made it through another Running of the Bulls! Now, it's time to **celebrate**.

 The streets are filled with people dancing, singing, and drinking. The atmosphere is electric and everyone is in high spirits. It's been a **successful** festival, and everyone is looking forward to next year's event. The next morning, the streets were empty and quiet. It's hard to believe that just 24 hours ago they were filled with people running for their lives. Now, all that **remains** are a few scattered red scarves and some trampled flowers. The bulls have long since been returned to their pens and the festival is over. But the memories of this year's Running of the Bulls will stay with those who **participated** for years to come. For some, the Running of the Bulls is a once in a lifetime experience. But for others, it's an annual tradition. Every year, they come back to Pamplona to take part in the **festivities** and test their luck against the bulls. They know that it's not always safe, but that's part of what makes it so thrilling. The danger is part of what keeps them coming back for more.

Preguntas de comprensión

1. ¿Qué es el encierro?

2. ¿Cuándo tiene lugar el evento?

3. ¿Cuántos días dura el evento?

4. ¿Cuál es la culminación del evento?

5. ¿Cómo es Pamplona durante la mayor parte del año?

6. ¿Cuántos participantes se visten para el evento?

7. ¿Cómo es el ambiente cuando comienza el festival?

8. ¿Qué ocurre con los participantes que se interponen en el camino de los toros?

9. ¿Cuál es el significado de los pañuelos rojos?

Comprehension Questions

1. What is the Running of the Bulls?

2. When does the event take place?

3. How many days does the event last?

4. What is the event's culmination?

5. What is Pamplona like for most of the year?

6. How do many participants dress for the event?

7. What is the atmosphere like when the festival begins?

8. What happens to participants who get in the way of the bulls?

9. What is the significance of the red scarves?

La Fiesta de San Fermín

La "Fiesta de San Fermín" es una tradición muy arraigada en la pequeña ciudad de Pamplona (España). Cada año, el 6 de julio, la ciudad se llena de música, baile y **jolgorio**. La fiesta dura nueve días y **culmina** con el encierro del 14 de julio. Para muchos lugareños y visitantes, la Fiesta de San Fermín es el punto culminante del **verano**. Este ao no fue diferente a los dems, ya que los preparativos para la fiesta comenzaron con semanas de antelacin. Las calles se limpiaron y se decoraron con pancartas y serpentinas de colores. Los comerciantes colgaron carteles **que proclamaban** "¡Viva San Fermín!" en sus escaparates. Y dondequiera que se mirara, se respiraba emoción en el aire. El 6 de julio, **exactamente a** las 12:00 horas, las fiestas comenzaron oficialmente con un estallido. El sonido de los fuegos artificiales resonaba en las calles mientras todos animaban y bailaban alrededor de la Plaza del Castillo. La fiesta había comenzado. Durante nueve días seguidos, Pamplona se llenó de risas y buen humor día y noche. Nunca hubo un momento de aburrimiento, ya que siempre había **algo** que hacer o ver, desde conciertos en directo hasta corridas de toros o bailes tradicionales como el flamenco o las sevillanas.

Los curiosos solían salir a la calle para ver (y a veces participar) en estas actuaciones improvisadas que **se sucedían por toda** la ciudad. Una mañana durante la fiesta, María Elena se levantó temprano para

La Fiesta de San Fermín

The "Fiesta de San Fermn" is a time-honored tradition in the small town of Pamplona, Spain. Every year, on July 6th, the town comes alive with music, dance, and **revelry**. The festival lasts for nine days and **culminates** with the Running of the Bulls on July 14th. For many locals and visitors alike, the Fiesta de San Fermn is the highlight of their **summer**. This year was no different than any other, as preparations for the festival began weeks in advance. The streets were cleaned and decorated with colourful banners and streamers. Shopkeepers hung signs **proclaiming** "Viva San Fermn!" from their windows. And everywhere you looked, there was excitement in the air. On July 6th, at **precisely** noon, the festivities officially began with a bang! The sound of fireworks echoed through the streets as everyone cheered and danced around Plaza del Castillo square. The party had begun! For nine days straight, Pamplona was filled with laughter and good cheer day and night. There was never a dull moment as there was always **something** to do or see—from live concerts to bullfights to traditional dances like flamenco or sevillanas.

Onlookers would often spill out into the streets to watch (and sometimes join in) these impromptu performances **happening** all over town. One morning during la fiesta, Maria Elena woke up early to get a head start on her

adelantarse a sus tareas antes de salir a divertirse ese mismo día. Barrió el suelo, quitó el polvo de **las superficies** y lavó la ropa mientras tarareaba en voz baja; no podía evitar sentirse feliz hoy. No era sólo porque fueran Sanfermines -aunque eso ayudaba-, sino también porque **acababa de** ser aceptada en una universidad para estudiar medicina. Sentía que todo en su vida por fin encajaba después de años de lucha. Mientras trabajaba, la mente de María Elena se remontó a la primera vez que llegó a **Pamplona**. María Elena llegó a Pamplona hace cinco años, cuando se escapó de casa a los dieciséis. No pensaba quedarse mucho tiempo, sólo el suficiente para ganar algo de dinero y poder comprar un billete de autobús para ir a **Barcelona**, donde vivía su primo. Pero una vez que María Elena llegó a la pequeña ciudad enclavada en las **montañas de** los Pirineos, se dio cuenta de que tal vez éste podría ser su nuevo hogar.

Después de **encontrar** trabajo como sirvienta de una familia adinerada **del centro** (que pagaba mejor de lo que esperaba) y de hacer amigos en la ciudad, María Elena empezó a sentir poco a poco que Pamplona era su lugar. Y ahora, al mirar a su alrededor y ver la felicidad en los rostros de todos durante los sanfermines -incluso de aquellos que sólo estaban de visita en la ciudad- supo que había tomado la decisión correcta hace tantos años. Al caer la noche del que sería el último día de las fiestas de San Fermín, María Elena se reunió con sus **amigos** en la Plaza del Castillo.

chores before going out later that day to enjoy herself.
She swept floors, dusted **surfaces**, and did laundry
while humming under her breath; she couldn't help
but feel happy today. It wasn't just because it was
Sanfermines—although that certainly helped—but
also because she had **recently** been accepted into a
university to study medicine. It felt like everything in her
life was finally falling into place after years of struggling.
As she worked, Maria Elena's mind wandered back
to when she first arrived in **Pamplona**. Maria Elena
first came to Pamplona five years ago when she ran
away from home at age sixteen. She hadn't planned
on staying long—just long enough to earn some money
so that she could buy a bus ticket north to **Barcelona**,
where her cousin lived. But once Maria Elena arrived in
a small city nestled against the Pyrenees **mountains**,
she realised that maybe this could be her new home.

After **finding** work as a maidservant for one wealthy
family **downtown** (which paid better than she expected)
and making friends in the city, Maria Elena slowly
started to feel like Pamplona was where she belonged.
And now, as she looked around her and saw the
happiness on everyone's faces during sanfermines—
even those who were just visitors to the city—she knew
that she had made the right decision all those years
ago. As night fell on what would be the last day of the
San Fermn fiesta, Maria Elena rejoined her **friends** in
Plaza del Castillo square.

Preguntas de comprensión

1. ¿Qué es la Fiesta de San Fermín?

2. ¿Cuándo se celebra la Fiesta de San Fermín?

3. ¿Qué es el encierro?

4. ¿Cuánto dura la Fiesta de San Fermín?

5. ¿Cuál es la historia de María Elena?

6. ¿Qué opina María Elena de la Fiesta de San Fermín?

7. ¿Qué hace María Elena en el trabajo?

8. ¿Cuál es el objetivo de María Elena cuando llega por primera vez a Pamplona?

9. ¿Por qué María Elena decide quedarse en Pamplona?

Comprehension Questions

1. What is the Fiesta de San Fermn?

2. When does the Fiesta de San Fermn take place?

3. What is the Running of the Bulls?

4. How long does the Fiesta de San Fermn last?

5. What is Maria Elena's story?

6. How does Maria Elena feel about the Fiesta de San Fermn?

7. What does Maria Elena do for work?

8. What is Maria Elena's goal when she first arrives in Pamplona?

9. Why does Maria Elena decide to stay in Pamplona?

Semana Santa

Era Semana Santa y toda la ciudad estaba llena de entusiasmo. Las calles estaban **decoradas con** coloridos estandartes y flores, y todo el mundo vestía sus mejores galas. El aire estaba impregnado de olor a incienso y velas, y el sonido de las campanas de la iglesia llenaba el ambiente. María llevaba todo el año esperando la **Semana Santa**. Le encantaba ver las **procesiones de las** estatuas vestidas de forma elaborada por las calles. Ahora que es mayor, le encanta ir a misa en su iglesia local y participar en las festividades. Este año estaba **especialmente** emocionada porque su primo Diego vendría de visita desde Ciudad de México.

 Diego llegó el **Jueves Santo** y los dos primos pasaron el día poniéndose al día. Dieron un paseo por la ciudad, admirando las decoraciones y disfrutando del ambiente festivo. El Viernes Santo, asistieron juntos a la misa y luego ayudaron a la madre de María a preparar la comida para la cena de Pascua. A Diego le **impresionó el** trabajo que suponía preparar platos tradicionales como los tamales y el mole poblano. El sábado por la noche, María llevó a Diego a su club favorito. Le sorprendió lo animado que estaba: la música **sonaba**, la gente bailaba por todas partes y no parecía haber ninguna preocupación en el mundo. Era un fuerte **contraste** con el ambiente sombrío de principios de semana. Después, volvieron a casa cogidos del brazo bajo las estrellas, riendo y bromeando todo el

Semana Santa

It was Semana Santa, and the whole town was abuzz with excitement. The streets were **decorated** with colourful banners and flowers, and everyone was out in their finest clothes. The air was thick with the smell of incense and candles, and the sound of church bells filled the air. Maria had been looking forward to **Semana** Santa all year. She loved watching the **processions** of elaborately dressed statues through the streets. Now that she was older, she loved attending mass at her local church and participating in the festivities. This year, she was **especially** excited because her cousin Diego would be visiting from Mexico City.

Diego arrived on Holy **Thursday**, and the two cousins spent the day catching up. They went for a walk around town, admiring the decorations and taking in the festive atmosphere. On Good Friday, they attended mass together and then helped Maria's mother prepare food for Easter dinner. Diego was **impressed** by how much work went into making traditional dishes like tamales and mole poblano. On Saturday night, Maria took Diego to her favourite club. He was amazed by how lively it was—music was **playing**, people were dancing everywhere, and there didn't seem to be a care in the world. It was a stark **contrast** to the sombre mood of earlier in the week. Afterward, they walked home arm in arm under the stars, laughing and joking all the way back to Maria's house. Easter Sunday **dawned** bright and early.

camino hasta la casa de María. El domingo de Pascua **amaneció** muy temprano.

María y Diego se despertaron temprano para asistir a la misa antes de disfrutar de un banquete con los miembros de su familia que habían venido de toda la ciudad para la cena de **Pascua**. Después de la comida, se sentaron todos a charlar y a tomar café. Los adultos recordaban sus propias Semanas Santas **de la infancia** mientras Diego escuchaba con entusiasmo, queriendo empaparse lo más posible de su cultura durante su visita. Al anochecer, Diego se despidió del feliz grupo, **prometiendo** volver el año que viene. Dejó a María con una sensación de calidez en su corazón que perduró mucho tiempo después de su partida. Un año más, la Semana Santa estaba a la vuelta de la esquina. María se moría de ganas de volver a ver a Diego, pues le parecía una eternidad desde que había vuelto a casa. Pasó los días previos a la llegada de su marido limpiando la casa de arriba a **abajo** y preparando todos sus platos favoritos. El Jueves Santo, Diego llegó con un gran abrazo para su primo. Se pusieron al día de todo lo que había pasado en la vida de cada uno durante el último año mientras paseaban por el pueblo admirando la **decoración**.

El Viernes Santo pasó tranquilamente, con misa y tiempo en familia. El sábado por la noche, volvieron a salir a bailar a la discoteca favorita de María. Esta vez, Diego trajo a unos amigos de Ciudad de México que también estaban en la ciudad para la Semana Santa. Bailaron hasta la madrugada, riendo y **disfrutando de** la compañía de los demás.

Maria and Diego woke up early to attend mass before enjoying a feast with their family members who had come from all over town for **Easter** dinner. After lunch, they all sat around chatting and drinking coffee. The adults reminisced about their own **childhood** Semana Santas while Diego listened eagerly, wanting to soak up as much of his culture as possible during his visit. As dusk began to fall, Diego bid farewell to the happy group, **promising** to come back next year. He left Maria with a sense of warmth in her heart that lingered long after he'd gone. It was another year, and Semana Santa was just around the corner. Maria couldn't wait to see Diego again – it felt like forever since he'd been back home. She spent the days leading up to her **husband's** arrival cleaning her house from top to **bottom** and preparing all of her favourite dishes. On Holy Thursday, Diego arrived with a big hug for his cousin. They caught up on all that had happened in each other's lives over the past year as they walked around town admiring the **decorations**.

Good **Friday** passed quietly, with mass and time spent with family. On Saturday night, they went out dancing again at Maria's favourite club. This time, Diego brought along some friends from Mexico City who were also in town for Semana Santa. They danced until the early hours of the morning, laughing and **enjoying** each other's company.

Preguntas de comprensión

1. ¿Qué es la Semana Santa?

2. ¿Con qué se decoran las calles durante la Semana Santa?

3. ¿Qué hace María el Viernes Santo?

4. ¿Cuál es la reacción de Diego ante el club favorito de María?

5. ¿Qué piensa Diego de su familia?

6. ¿Qué se celebra en Semana Santa?

7. ¿Cuánto tiempo lleva Diego fuera de casa?

8. ¿Qué hace María para preparar la visita de Diego?

9. ¿Quién acompaña a Diego al club favorito de María el sábado por la noche?

Comprehension Questions

1. What is Semana Santa?

2. What are the streets decorated with during Semana Santa?

3. What does Maria do on Good Friday?

4. What is Diego's reaction to Maria's favourite club?

5. What does Diego think about his family?

6. What is Semana Santa a celebration of?

7. How long has Diego been away from home?

8. What does Maria do to prepare for Diego's visit?

9. Who accompanies Diego to Maria's favourite club on Saturday night?

El día de los Reyes Magos

Era la noche de El Da de los Reyes Magos, y en toda España, los niños **esperaban** ansiosos la llegada de los Reyes Magos. En un pequeño **pueblo** de Andalucía, un niño llamado Pablo estaba especialmente emocionado. Había dejado un zapato para cada rey, lleno de heno para sus camellos y de caramelos para que los disfrutaran. **La madre** de Pablo le había dicho que si se acostaba temprano, los **reyes** vendrían mientras él dormía y le traerían **regalos**. Así que Pablo rezó sus oraciones y se acostó, deseoso de despertarse para encontrar los tesoros que le habían traído. A la mañana siguiente, cuando se despertó, había tres regalos bellamente envueltos **junto a** su cama, ¡uno para cada rey!

Alborozado por su buena suerte, Pablo los abrió enseguida... Dentro del primer regalo había un exquisito **collar de** oro; dentro del segundo, un flamante juego de pinturas; pero dentro del tercer regalo había algo aún más especial: ¡un llavero con tres llaves! Deben ser llaves mágicas, pensó Pablo **emocionado**, ¡justo lo que necesitaba para abrir las puertas de la aventura! Agradeciendo profusamente a los Reyes Magos en su cabeza, Pablo salió corriendo para empezar a explorar. La primera parada de Pablo fue el viejo molino abandonado en **las afueras** del pueblo. Siempre había sentido curiosidad por lo que había dentro, ¡y

El día de los Reyes Magos

It was the night of El Da de los Reyes Magos, and all across Spain, children were eagerly **awaiting** the arrival of the Three Kings. In a small **village** in Andalusia, a young boy named Pablo was especially excited. He had left out a shoe for each king, filled with hay for their camels and sweets for them to enjoy. Pablo's **mother** had told him that if he went to bed early, the **kings** would come while he slept and bring him **presents**. So Pablo said his prayers and went to bed, eager to wake up to find what treasures they had brought him. Sure enough, when he woke up the next morning, there were three beautifully wrapped gifts **beside** his bed-one for each king!

Overjoyed at his good fortune, Pablo opened them straight away... Inside the first gift was an exquisite golden **necklace**; inside the second was a brand new set of paints; but inside the third present was something even more special: a keychain with three keys on it! These must be magical keys, thought Pablo **excitedly**, just what he needed to open up doors of adventure! Thanking the Three Kings profusely in his head, Pablo ran off outside to start exploring. Pablo's first stop was the old abandoned mill on the **outskirts** of the village. He had always been curious about what was inside, and now he had the perfect **opportunity** to find out! He inserted key number one into the lock and turned it...

ahora tenía la **oportunidad perfecta** para averiguarlo! Introdujo la llave número uno en la cerradura y la giró... pero no pasó nada. **Decepcionado**, Pablo probó con la llave número dos, pero tampoco funcionó.

 Justo cuando estaba a punto de darse por vencido, oyó un débil clic de la llave número tres: ¡éxito! La puerta se abrió con un chirrido y Pablo entró con cautela. Estaba muy oscuro y polvoriento, pero sus ojos pronto se adaptaron a la falta de luz. Lo que vio le hizo dar un grito de asombro: ¡había montones de monedas de oro **apiladas** a su alrededor! Parecía que alguien había escondido su tesoro aquí hace mucho tiempo y se había olvidado de él hasta ahora. **Temblando** de emoción, Pablo recogió todas las monedas que pudo cargar y corrió a su casa para mostrarle a su madre su increíble descubrimiento. La madre de Pablo se quedó tan sorprendida como él cuando vio las monedas de oro.

 Nunca había visto tanto **dinero en** su vida. Después de contarlo todo, calcularon que debía de haber más de mil euros, lo suficiente para pagar sus deudas y que les quedara algo para una vida mejor. La madre de Pablo lo abrazó con fuerza, con lágrimas de felicidad en la cara. Parecía que los Reyes Magos les habían traído un verdadero milagro en este día tan especial. Con su **nueva** riqueza, Pablo y su familia pudieron mudarse de su pequeña y estrecha casa a una más grande en el centro de la ciudad. También pagaron todas sus deudas y empezaron a pasar buenas vacaciones juntos.

but nothing happened. **Disappointed**, Pablo tried key number two, but that didn't work either.

 Just as he was about to give up, he heard a faint click from key number three—success! The door creaked open, and Pablo stepped cautiously inside. It was very dark and dusty in there, but his eyes soon adjusted to the lack of light. What he saw made him gasp in amazement—piles of gold coins were **stacked** up all around him! It looked like somebody had hidden their treasure here long ago and forgotten about it until now. **Trembling** with excitement, Pablo scooped up as many coins as he could carry and ran back home to show his mother his incredible discovery. Pablo's mother was just as amazed as he was when she saw the gold coins.

 She had never seen so much **money** in her life! After counting it all up, they worked out that there must be over a thousand euros here—enough to pay off their debts and have some left over for a better life. Pablo's mother hugged him tightly, tears of happiness streaming down her face. It seemed like the Three Kings had truly brought them a miracle on this special day. With their **newfound** wealth, Pablo and his family were able to move out of their cramped little house and into a bigger one in the centre of town. They also paid off all their debts and started going on nice holidays together.

Preguntas de comprensión

1. ¿Qué es el Día de los Reyes Magos?

2. ¿Qué hizo Pablo en el Día de los Reyes Magos?

3. ¿Qué le dijo la madre de Pablo?

4. ¿Qué encontró Pablo cuando se despertó a la mañana siguiente?

5. ¿Qué pensó Pablo de las llaves?

6. ¿Qué hizo Pablo con las llaves?

7. ¿Qué encontró Pablo cuando usó las llaves?

8. ¿Cómo reaccionaron Pablo y su madre ante el descubrimiento?

9. ¿Qué le ocurrió a Pablo y a su familia a raíz del descubrimiento?

Comprehension Questions

1. What is El Dia de los Reyes Magos?

2. What did Pablo do on El Dia de los Reyes Magos?

3. What did Pablo's mother tell him?

4. What did Pablo find when he woke up the next morning?

5. What did Pablo think of the keys?

6. What did Pablo do with the keys?

7. What did Pablo find when he used the keys?

8. How did Pablo and his mother react to the discovery?

9. What happened to Pablo and his family as a result of the discovery?

Procesión de Semana Santa

El sol empezaba a asomar por el horizonte cuando las primeras personas comenzaron a reunirse en la plaza. El parloteo y las **risas** de los que la rodeaban deberían haber sido reconfortantes, pero lo único que hicieron fue que Ana se sintiera más nerviosa. No era propio de ella estar tan nerviosa, pero esto era diferente. Esto era especial. Esta mañana iba a participar por primera vez en la procesión de Semana Santa. Antes siempre la había visto desde la barrera, pero ahora sería una de las **participantes**. Era un gran honor que le habían **concedido** los ancianos de su pueblo, y no quería defraudarlos. A medida que la gente entraba en la plaza, Ana sentía que el corazón se le **aceleraba** en el pecho. Intentó respirar profundamente para calmarse, pero no pareció ayudar mucho.

Finalmente, cuando faltaban pocos minutos para **que se pusieran** en marcha, le vio llegar. Pablo siempre había sido amable con ella desde que eran niños y se habían criado juntos en ese pequeño pueblo español enclavado entre montañas y valles. Le dedicó una sonrisa tranquilizadora mientras se colocaba a su lado en la fila y le dio un suave apretón de manos. Ese **simple** gesto hizo que todos los nervios de Ana **desaparecieran** al instante, y sintió que se relajaba por primera vez en todo el día. Con Pablo a su lado, sabía que todo iría bien. La procesión comenzó con el sonido

Easter Procession

The sun was just starting to peek over the horizon as the first few people began to gather in the square. The chatter and **laughter** of those around her should have been comforting, but all it did was make Ana feel more on edge. It wasn't like her to be so nervous, but this was different. This was special. This morning, she would be taking part in the Easter Procession for the first time. She had always watched it from the sidelines before, but now she would be one of the **participants**. It was a huge honour that had been **bestowed** upon her by the elders of her village, and she didn't want to let them down. As more and more people filed into the square, Ana could feel her heart **racing** faster and faster in her chest. She tried to take deep breaths to calm herself down, but it didn't seem to help much.

 Finally, when there were only a few minutes left until they were **supposed** to start moving, she saw him arrive. Pablo had always been kind to her ever since they were children, growing up together in this small **Spanish** village nestled in between mountains and valleys. He gave her a reassuring smile as he took his place next to her in line and reached out to give her hand a gentle squeeze. That **simple** gesture made all of Ana's nerves **disappear** instantly, and she felt herself relax for what felt like the first time all day long. With Pablo by her side, she knew that everything would be alright. The procession began with the sound of a trumpet playing a sombre tune. Slowly, everyone started to move forward, making their way **through** the

de una trompeta que tocaba una melodía sombría. Lentamente, todos empezaron a avanzar, abriéndose paso **por las** calles llenas de gente que había salido a ver.

Algunos aplaudían y vitoreaban, mientras que otros permanecían en silencio con miradas de reverencia en sus rostros. Ana sintió que sus propias emociones se **agolpaban** al pensar en lo que representaba este día. Era un día de renacimiento y esperanza, un momento en el que todos podrían empezar de nuevo. El peso de la responsabilidad que había sentido durante toda la mañana pareció desaparecer de sus hombros mientras **caminaba** con confianza junto a Pablo. Sabía que, pasara lo que pasara, él siempre estaría a su lado. Al doblar la última esquina de la **plaza** donde se encontraba la iglesia, Ana vio a su familia de pie a un lado saludándola. Su madre y su padre tenían lágrimas en los ojos, **pero** sonreían ampliamente.

 Aunque no era **religiosa**, Ana no pudo evitar sentirse conmovida por el sentimiento de comunidad y unión que esta fiesta despertó en todos. Después de pasar meses encerrados en casa durante el invierno, se sentía bien estar de nuevo al aire libre, rodeados de caras conocidas y disfrutando del cálido sol español. Al terminar la misa, todo el mundo volvió a **salir** a la plaza, donde les **esperaba** comida y bebida por cortesía de los comercios y residentes locales.

streets lined with people who had come out to watch.

Some were **cheering** and clapping, while others stood silently with looks of reverence on their faces. Ana felt her own emotions **welling** up as she thought about what this day represented. It was a day of rebirth and hope, a time when they could all start anew. The weight of responsibility that she had been feeling all morning long seemed to lift from her shoulders as she **walked** confidently next to Pablo. She knew that no matter what happened, he would always be by her side. As they rounded the final corner into the **square** where the church was located, Ana caught sight of her family standing off to the side waving at her. Her mother and father both had tears in their eyes, but they were smiling broadly **nonetheless**.

 Even though she wasn't **religious** herself, Ana couldn't help but feel moved by the sense of community and togetherness that this holiday brought out in everyone. After spending months cooped up indoors during the winter, it felt good to finally be outside again surrounded by familiar faces and basking in the warm Spanish sun. After mass ended, everyone made their way back **outside** into the square where there was food and drink **waiting** for them courtesy of local businesses and residents.

Preguntas de comprensión

1. ¿Qué representa la procesión de Semana Santa?

2. ¿Cómo se siente Ana al participar en la procesión?

3. ¿Quién es Pablo?

4. ¿Cómo cambia el estado de ánimo de Ana cuando ve a Pablo?

5. ¿Qué significa el toque de la trompeta?

6. ¿Cómo reaccionan los espectadores ante la procesión?

7. ¿Qué emociones siente Ana durante la procesión?

8. ¿Qué significa que la familia de Ana esté en la iglesia?

9. ¿Cómo se reúne el pueblo durante la Semana Santa

Comprehension Questions

1. What does the Easter Procession represent?

2. How does Ana feel about taking part in the procession?

3. Who is Pablo?

4. How does Ana's mood change when she sees Pablo?

5. What does the trumpet playing signify?

6. How do the onlookers react to the procession?

7. What emotions does Ana feel during the procession?

8. What is the significance of Ana's family being at the church?

9. How does the village come together during Easter?

El Canto del Gallo

El canto del gallo era el primer sonido del día. Siempre era tan puntual, como si se hubiera puesto un despertador. El sol aún no había salido, pero el cielo empezaba a **clarear**. Por toda la granja, los animales se movían y **se** preparaban para otro día. El gallo se pavoneaba por el corral, ladeando la cabeza y mostrándose orgulloso. Sabía que era el **responsable** de empezar cada nuevo día. Le encantaba su trabajo y se sentía muy orgulloso de él. De repente, se oyó un fuerte golpe. El gallo miró y vio que una de las puertas del granero se había abierto con el viento. ¡Oh, oh! Eso significaba que todos los animales podrían salir si él no hacía **algo** rápido. El gallo corrió hacia la puerta abierta y trató de cerrarla, pero era demasiado pesada. Pidió ayuda, pero no **parecía haber** nadie cerca. En ese momento, vio a una gallina que pasaba por allí. "¡Ayúdame!", gritó.

"¡Los animales saldrán todos si no cerramos esta puerta!" La gallina corrió hacia allí, y **juntos** pudieron finalmente empujar la puerta para cerrarla. ¡Uf! ¡Ha estado cerca! El gallo respiró aliviado y agradeció a la gallina su ayuda. Cuando empezó a salir el sol, la granja se llenó de actividad. Todos los **animales** estaban ocupados en sus tareas cotidianas. Las **gallinas** escarbaban en la tierra en busca de insectos, las vacas pastaban en los pastos e incluso los cerdos se bañaban en el barro en su corral. Era otro hermoso día en la granja gracias a El Canto del Gallo. Todos los días, el gallo se despertaba temprano y cantaba para

El Canto del Gallo

The rooster's crow was the first sound of the day. It was always so punctual, as if it had set an alarm clock for itself. The sun had not yet risen, but the sky was beginning to **lighten**. All around the farm, animals were stirring and **getting** ready for another day. The rooster strutted around the barnyard, cocking its head and looking proud. It knew that it was **responsible** for starting each new day. It loved its job and took great pride in it. Suddenly, there was a loud crash! The rooster looked over to see that one of the barn doors had blown open in the wind. Uh oh! That meant that all of the animals would be able to get out if he didn't do **something** quick! The rooster raced over to the open barn door and tried to push it shut, but it was too heavy. He called out for help, but no one **seemed** to be around. Just then, he saw a chicken walking by. "Help me!" he cried.

"The animals will all get out if we don't close this door!" The chicken ran over, and **together** they were finally able to push the door shut. Phew! That was close! The rooster breathed a sigh of relief and thanked the chicken for her help. As the sun began to rise, the farm came alive with activity. All of the **animals** were busy going about their day-to-day tasks. The **chickens** were scratching in the dirt for insects, the cows were grazing in the pasture, and even the pigs were mud bathing in their pen. It was another beautiful day on the farm thanks to El Canto del Gallo—the Rooster's Song!

empezar el nuevo día. Era un trabajo que le encantaba y del que se sentía muy orgulloso. Sabía que era el **responsable** de que todos los habitantes de la granja empezaran el día. Y siempre hacía todo lo posible para que fuera bueno.

Un día, el gallo se despertó y vio que ya había salido el sol. Estaba sorprendido. **Nunca** había llegado tarde a su clase. Enseguida **se dio cuenta de que se había** quedado dormido. ¿Qué pensaría todo el mundo? Salió a toda prisa del establo y vio que todos los **animales** estaban ocupados en sus tareas habituales. Nadie parecía darse cuenta de que llegaba tarde. ¡Uf! Estuvo muy cerca. El gallo **aprendió** la lección y, a partir de entonces, siempre ponía un despertador para asegurarse de no volver a quedarse dormido. El gallo siguió cantando todas las mañanas y la granja siguió funcionando sin problemas. Los animales estaban **felices** y sanos, y **todo el mundo** los quería. El Canto del Gallo.

Every day, the rooster would wake up early and crow to start the new day. It was a job that he loved and took great pride in. He knew that he was **responsible** for making sure that everyone on the farm got started with their day. And he always did his best to make sure that it was a good one!

One day, the rooster woke up to find that the sun was already up. He was shocked! He had **never** been late for his class before. He quickly **realised** that he must have overslept. Oh no! What would everyone think? He rushed out of the barn and saw that all of the **animals** were busy going about their day as usual. No one seemed to notice that he was late. Whew! That was a close call! The rooster **learned** his lesson and, from then on, always set an alarm clock to make sure he didn't oversleep again! The rooster continued to crow each morning, and the farm continued to run smoothly. The animals were all **happy** and healthy, and **everyone** loved them. El Canto del Gallo.

Preguntas de comprensión

1. ¿Por qué el gallo se retrasó un día?

2. ¿Cómo se sentía el gallo en su trabajo?

3. ¿Qué hizo el gallo cuando vio la puerta del granero abierta?

4. ¿Cómo ayudó la gallina al gallo?

5. ¿Qué hacían los animales cuando el gallo se despertó tarde un día?

6. ¿Por qué el gallo empezó a poner el despertador?

7. ¿Cómo reaccionaron los demás animales cuando el gallo se quedó dormido?

8. ¿Cómo se sintió el gallo después de quedarse dormido?

9. ¿Qué lección aprendió el gallo?

Comprehension Questions

1. Why was the rooster late one day?

2. How did the rooster feel about his job?

3. What did the rooster do when he saw the barn door open?

4. How did the chicken help the rooster?

5. What were the animals doing when the rooster woke up late one day?

6. Why did the rooster start setting an alarm clock?

7. How did the other animals react when the rooster overslept?

8. How did the rooster feel after he overslept?

9. What lesson did the rooster learn?

Carnaval de Cádiz

El sol se ponía un día más en Cádiz y en las calles se escuchaba el sonido de la **música** y las risas. Es tiempo de **Carnaval** y todo el mundo está de fiesta. El aire huele a pescado frito y churros, y las calles están decoradas con serpentinas y confeti. Todo el mundo se **vestía** con sus mejores galas, dispuesto a festejar hasta el amanecer. El ambiente era electrizante y la gente bailaba por **las calles al** son de las bandas que tocaban música tradicional **española** en directo. A medida que avanzaba la noche, la fiesta se volvía más salvaje y festiva.

La gente se reía y cantaba a pleno pulmón, y había un sentimiento de alegría en el aire. Las bandas tocaban más fuerte y más rápido mientras la gente bailaba con desenfreno. Las calles se llenan de gente feliz, disfrutando de la mejor noche del año. De repente, se produce un **alboroto** en un extremo de la calle. Un grupo de hombres había empezado a pelearse, y pronto se convirtió en una pelea en toda regla. Se lanzaban **botellas** y se daban **puñetazos a diestro** y siniestro. Parecía que la cosa se iba a poner fea rápidamente. La policía llegó rápidamente para disolver la pelea, pero ya era demasiado tarde. El daño ya estaba hecho, tanto a la propiedad como a la sensación de seguridad de la gente. El ambiente de la fiesta se había visto alterado por la violencia, y mucha gente empezó a marcharse a casa antes de tiempo. Fue un final **decepcionante** para lo que debería haber sido

Carnaval de Cádiz

The sun was setting on another day in Cadiz, and the streets were alive with the sound of **music** and laughter. It was **Carnaval** time, and everyone was in a festive mood. The air was thick with the smell of fried fish and churros, and the streets were decorated with streamers and confetti. Everyone was **dressed** up in their finest clothes, ready to party until dawn. The atmosphere was electric as people danced through the **streets** to the sound of live bands playing traditional **Spanish** music. As the night went on, the party got wilder and more festive.

People were laughing and singing at the top of their lungs, and there was a feeling of joy in the air. The bands played louder and faster as people danced with abandon. The streets were filled with happy revellers, enjoying the best night of the year. Suddenly, there was a **commotion** at one end of the street. A group of men had started to fight, and soon it escalated into a full-blown brawl. **Bottles** were being thrown, and **punches** were being thrown left and right. It looked like it was going to get ugly fast. The police arrived quickly to break up the fight, but by then it was too late. The damage had been done, both to property and to people's sense of safety. The party atmosphere had been shattered by violence, and many people began to head home early. It was a **disappointing** end to what should have been a fun night out for everyone involved. The next day, the streets were quiet as people tried to

una noche de diversión para todos. Al día siguiente, las calles estaban tranquilas mientras la gente intentaba recuperarse de los acontecimientos de la noche anterior.

Había un sentimiento de **tristeza en el aire, ya** que mucha gente había estado esperando el Carnaval todo el año. Era el momento de soltarse y divertirse, pero ahora tenían la sensación de que eso les había sido arrebatado. Algunos comercios incluso se **plantearon** no abrir este año para el **Carnaval, por** miedo a que volviera a ocurrir algo como lo de anoche. Pero a pesar de todo, todavía hay quienes se niegan a dejar morir el espíritu del Carnaval. Esta noche volverán a salir a la calle, a bailar y a cantar con las bandas de música tradicional **española**. El espectáculo debe continuar. "Es otra noche de Carnaval en Cádiz, y las calles vuelven a estar llenas de música y risas. A pesar de lo ocurrido anoche, la gente está **decidida** a disfrutar. El ambiente está más apagado que antes, pero sigue habiendo un sentimiento de alegría en el aire. La gente baila y canta al ritmo de las bandas que tocan música **tradicional** española. El olor a pescado frito y churros llena el aire, y las calles están decoradas con serpentinas y confeti. **Todo el mundo se viste** con sus mejores galas, dispuesto a festejar hasta el amanecer. "A medida que avanza la noche, la gente empieza a soltarse y a divertirse.

recover from the events of the previous night.

There was a feeling of **sadness** in the air, as many people had been looking forward to Carnaval all year. It was a time to let loose and have fun, but now it felt like that had been taken away from them. Some businesses were even **considering** not opening for **Carnival** this year, out of fear that something like last night could happen again. But despite everything, there are still those who refuse to let the spirit of Carnaval die. They will be back out on the streets tonight, dancing and singing along with the bands playing traditional **Spanish** music. The show must go on. " It's another night of Carnaval in Cádiz, and the streets are once again alive with music and laughter. Despite what happened last night, people are **determined** to enjoy themselves. The atmosphere is more subdued than it was before, but there's still a feeling of joy in the air. People are dancing and singing along to the live bands playing **traditional** Spanish music. The smell of fried fish and churros fills the air, and the streets are decorated with streamers and confetti. **Everyone** is dressed up in their finest clothes, ready to party until dawn. " As the night goes on, people start to let loose and have fun.
last night. The **police** arrive quickly to break up the fight before it gets out of hand. Everyone breathes a sigh of relief as they **continue** on with their carnival celebrations. It's been a tough few days for everyone involved, but tonight we've shown that we're not going to let violence ruin our fun. "

Preguntas de comprensión

1. ¿Cómo es el ambiente en las calles durante el Carnaval?

2. ¿Cómo reacciona la gente cuando se produce una pelea durante las fiestas?

3. ¿Qué significado tiene el Carnaval para los gaditanos?

4. ¿Cómo se siente la gente después de los acontecimientos de la noche anterior?

5. ¿Cómo es el ambiente entre los juerguistas a medida que avanza la noche?

6. ¿Por qué estalló la pelea en primer lugar?

7. ¿Cómo maneja la policía la situación?

8. ¿Cómo se compara la pelea con la de la noche anterior?

Comprehension Questions

1. What is the atmosphere like in the streets during Carnaval?

2. How do people react when a fight breaks out during the festivities?

3. What is the significance of Carnaval for the people of Cádiz?

4. How do people feel after the events of the previous night?

5. What is the mood like among the revelers as the night goes on?

6. Why did the fight break out in the first place?

7. How do the police handle the situation?

8. How does the fight compare to the previous night's brawl?

La batalla de Nerja

La batalla de Nerja fue un punto de inflexión en la guerra contra los **moros**. También fue una batalla sangrienta y brutal, en la que ambos bandos sufrieron grandes bajas. Los **cristianos** estaban **en inferioridad numérica** y de armamento, pero lucharon con valentía y finalmente salieron victoriosos. Esta victoria les dio el **impulso que** necesitaban para ganar la guerra, y también demostró al pueblo de España que eran capaces de derrotar a los moros. La batalla comenzó temprano en la mañana, con los moros atacando el campamento **cristiano**. Los cristianos fueron tomados por **sorpresa,** pero rápidamente se reanimaron y contraatacaron. Los dos bandos lucharon ferozmente durante horas, sin que ninguno de ellos pudiera obtener ventaja. Al ponerse el sol, parecía que la batalla acabaría en tablas.

Sin embargo, cuando parecía que los **combates** se detendrían por esta noche, un grupo de soldados españoles logró romper las líneas moras. Entraron en el corazón del territorio enemigo y los tomaron por sorpresa. Este repentino ataque cambió el rumbo de la batalla y pronto todos los moros se retiraron o murieron. Los **cristianos** habían obtenido una victoria **decisiva.** Tras la batalla, los soldados españoles fueron aclamados como héroes. Habían demostrado un gran valor y determinación frente a unas probabilidades abrumadoras, y habían ayudado a cambiar el rumbo de

The Battle of Nerja

The Battle of Nerja was a turning point in the war against the **Moors**. It was also a bloody and brutal battle, with both sides taking heavy casualties. The **Christians** were **outnumbered** and outgunned, but they fought bravely and eventually emerged victorious. This victory gave them the **momentum** they needed to win the war, and it also showed the people of Spain that they were capable of defeating the Moors. The battle began early in the morning, with the Moors attacking the **Christian** camp. The Christians were taken by **surprise**, but they quickly rallied and fought back. The two sides fought fiercely for hours, and neither side was able to gain an advantage. As the sun began to set, it looked like the battle would end in a stalemate.

However, just as it seemed that the **fighting** would stop for the night, a group of Spanish soldiers managed to break through the Moorish lines. They charged into the heart of enemy territory and took them by surprise. This sudden attack turned the tide of battle, and soon all the Moors were retreating or dead. The **Christians** had won a **decisive** victory! After the battle, the **Spanish** soldiers were hailed as heroes. They had shown great courage and determination in the face of overwhelming odds, and they had helped to turn the tide of war. The Battle of Nerja was a turning point in Spanish history, and it is remembered fondly by those who fought there. Today, the site of the Battle of Nerja is a popular tourist destination. Visitors can see the battlefield where the

la guerra. La Batalla de Nerja fue un punto de inflexión en la historia de España, y es recordada con cariño por los que lucharon en ella. Hoy en día, el lugar de la Batalla de Nerja es un popular destino turístico. Los visitantes pueden ver el campo de batalla en el que los **soldados españoles** lucharon con tanto valor, y también pueden conocer la historia de este importante acontecimiento. La Batalla de Nerja es una parte **importante del** pasado de España, y siempre será recordada por quienes visiten este lugar tan especial. La Batalla de Nerja es una parte **importante de la historia de España, y siempre** será recordada por quienes visiten este lugar tan especial.

La batalla de Nerja fue un punto de **inflexión** en la guerra contra los moros. También fue una batalla sangrienta y brutal, en la que ambos bandos **sufrieron** grandes **bajas**. Los cristianos estaban en inferioridad numérica y de armamento, pero lucharon con valentía y finalmente salieron **victoriosos**. Esta victoria les dio el impulso que necesitaban para ganar la guerra, y también demostró al pueblo de España que eran capaces de derrotar a los moros. La batalla comenzó temprano en la mañana, con los moros atacando el campamento **cristiano**. Los cristianos fueron tomados por sorpresa, pero rápidamente se reanimaron y contraatacaron. Los dos bandos lucharon ferozmente durante horas, sin que ninguno de ellos pudiera obtener ventaja. Al ponerse el sol, **parecía que** la batalla acabaría en tablas.

Spanish **soldiers** fought so bravely, and they can also learn about the history of this important event. The Battle of Nerja is an **important** part of Spain's past, and it will always be remembered by those who visit this special place. The Battle of Nerja is an **important** part of Spanish history, and it will always be remembered by those who visit this special place.

The Battle of Nerja was a **turning** point in the war against the Moors. It was also a bloody and brutal battle, with both sides taking heavy **casualties**. The Christians were outnumbered and outgunned, but they fought bravely and eventually emerged **victorious**. This victory gave them the momentum they needed to win the war, and it also showed the people of Spain that they were capable of defeating the Moors. The battle began early in the morning, with the Moors attacking the **Christian** camp. The Christians were taken by surprise, but they quickly rallied and fought back. The two sides fought fiercely for hours, and neither side was able to gain an advantage. As the sun began to set, it **looked** like the battle would end in a stalemate.

Preguntas de comprensión

1. ¿Cuál fue el punto de inflexión en la guerra contra los moros?

2. ¿Qué fue la batalla de Nerja?

3. ¿Quién ganó la batalla?

4. ¿Cuáles fueron las consecuencias de la batalla?

5. ¿Cuál fue la reacción del pueblo español después de la batalla?

6. ¿Cómo se recuerda la Batalla de Nerja?

7. ¿Cuál es la importancia de la batalla de Nerja?

8. ¿Qué ocurrió durante la batalla?

9. ¿Cómo consiguieron los soldados españoles ganar la batalla?

Comprehension Questions

1. What was the turning point in the war against the Moors?

2. What was the Battle of Nerja?

3. Who won the battle?

4. What were the consequences of the battle?

5. What was the reaction of the Spanish people after the battle?

6. How was the Battle of Nerja remembered?

7. What is the significance of the Battle of Nerja?

8. What happened during the battle?

9. How did the Spanish soldiers manage to win the battle?

Fiesta de San Juan

El sol se ponía en la pequeña ciudad de Sant Joan. Las calles estaban vacías, a excepción de algunos rezagados que volvían a casa después de la fiesta del día. En el centro del pueblo, una hoguera arde con fuerza, **rodeada** de gente que baila y canta. Era la **fiesta** de Santa Juana, y todo el mundo estaba de fiesta. Al caer la noche, la fiesta continúa. La gente bebía y bailaba en torno a la hoguera hasta que, cerca de la medianoche, se desplomaba exhausta. Mientras estaban tumbados mirando las estrellas, podían oír las risas y la música de otros pueblos donde se **celebraban fiestas** similares. Fue un momento feliz para todos los que lo celebraron. A la mañana siguiente, el pueblo bullía de actividad. La gente estaba ocupada limpiando el desorden de la noche anterior y preparándose para los eventos del día.

Había un desfile por la ciudad, seguido de más bailes y cantos. A medida que avanzaba el día, la gente empezaba a llegar al pueblo desde todas partes. Venían de cerca y de lejos para participar en los **festejos**. Las calles pronto se llenaron de gente de todas las edades, riendo y disfrutando. El desfile fue un espectáculo de colores, con carrozas adornadas con flores y **serpentinas**. La música era fuerte y animada, haciendo que todo el mundo moviera los pies. Al terminar, todos se dirigieron a la hoguera, donde volvieron a bailar hasta bien entrada la noche. El último día del festival, todos se entristecen al ver que llega a su fin. Pero **sabían que se llevarían**

Festival of Sant Joan

The sun was setting on the small town of Sant Joan. The streets were empty, except for a few stragglers making their way home from the day's festivities. In the center of town, a bonfire burned brightly, **surrounded** by people dancing and singing. It was the **Festival** of Saint Joan, and everyone was in a celebratory mood. As night fell, the party continued. People drank and danced around the fire until they finally collapsed into exhausted heaps around midnight. As they lay there **looking** up at the stars, they could hear distant laughter and music coming from other towns where similar **celebrations** were taking place. It was a happy time for all who **celebrated** it. The next morning, the town was abuzz with activity. People were busy cleaning up the mess from the night before and getting ready for the day's events.

There would be a parade through town, followed by more dancing and singing. As the day went on, people began to trickle into town from all over. They came from near and far to join in the **festivities**. The streets were soon filled with people of all ages, laughing and enjoying themselves. The parade was a colorful spectacle, with floats adorned with flowers and **streamers**. The music was loud and lively, getting everyone moving their feet. After it ended, everyone made their way back to the bonfire, where they danced long into the night once again. On the final day of the festival, everyone was sad to see it come to an end. But

muchos **recuerdos felices**. Cuando el sol se puso en Sant Joan, la gente se reunió alrededor de la hoguera por última vez. Cantaron y bailaron hasta quedar exhaustos, y luego volvieron a desplomarse alrededor de la hoguera. Mientras miraban las estrellas, podían oír las risas y la música procedentes de otros **pueblos** donde se **celebraban fiestas** similares. Fue un momento feliz para todos los que lo celebraron".

A la mañana siguiente, la gente empezó a recoger sus cosas y a despedirse de los demás. Prometieron mantenerse en contacto y volver a verse el año que viene en el festival. Al marcharse, miraron al pueblo de Sant Joan con buenos recuerdos. Era un lugar **especial** en el que habían **compartido** muchos momentos felices. Siempre guardarán esos recuerdos. Al año siguiente, la gente volvió a venir de todas partes para celebrar la Fiesta de Sant Joan. Era el momento de **reencontrarse** con viejos amigos y de hacer otros nuevos. La hoguera ardía con fuerza y la música sonaba hasta altas horas de la noche. Bailaron y rieron hasta quedar exhaustos, y luego se desplomaron de nuevo alrededor del fuego. Mientras miraban a las estrellas, podían oír las risas y la **música** procedentes de otros pueblos donde se **celebraban fiestas** similares. Era un momento feliz para todos los que lo celebraban. "

they **knew** that they would have many happy **memories** to take with them. As the sun set on Sant Joan, people gathered around the bonfire one last time. They sang and danced until they were exhausted, then collapsed into a heap around the fire once again. As they looked up at the stars, they could hear laughter and music coming from other **towns** where similar **celebrations** were taking place. It was a happy time for all who celebrated it."

The next morning, people began to pack up their things and say goodbye to each other. They promised to keep in touch and meet again next year at the festival. As they left, they looked back at the town of Sant Joan with fond memories. It was a **special** place where they had shared many happy moments **together**. They would always cherish those memories. The **following** year, people came from all over again to celebrate the Festival of Sant Joan. It was a time for them to **reconnect** with old friends and make new ones. The bonfire burned brightly, and the music played late into the night. They danced and laughed until they were exhausted, then collapsed into a heap around the fire once again. As they looked up at the stars, they could hear laughter and **music** coming from other towns where similar **celebrations** were taking place. It was a happy time for all who celebrated it. "

Preguntas de comprensión

1. ¿Cuál es el nombre del festival?

2. ¿Cuándo se celebra el festival?

3. ¿Para qué sirve la hoguera?

4. ¿Qué hace la gente en el festival?

5. ¿Cómo es el desfile?

6. ¿Qué hace la gente el último día del festival?

7. ¿Qué recuerdos tiene la gente del festival?

8. ¿Con qué frecuencia se celebra el festival?

9. ¿Qué hace la gente en la hoguera?

10. ¿Qué puedes oír cuando miras a las estrellas?

Comprehension Questions

1. What is the name of the festival?

2. When does the festival take place?

3. What is the bonfire used for?

4. What do people do at the festival?

5. What is the parade like?

6. What do people do on the last day of the festival?

7. What are the people's memories of the festival?

8. How often does the festival take place?

9. What do people do at the bonfire?

10. What can you hear when you look up at the stars?

En la playa

Después del amanecer, las olas son más fuertes y la arena sobre la marea es blanca. Bajo a la playa, **admirando** el mar y el sol. Mis dedos sienten los surcos de las conchas. La arena está fría en mis dedos. Sonrío y sigo adelante. La marea está alta, así que tengo que tener cuidado para que no me arrastre. Camino por la orilla del agua, admirando el mar. El amanecer es **precioso** y las olas rompen. Me siento muy tranquila. Llego a un lugar donde hay un afloramiento de roca. Me siento y observo las olas. El agua es tan azul y el cielo tan **naranja**. Me siento como en un sueño. Cierro los ojos y sólo escucho las olas. Me siento allí durante mucho tiempo, hasta que oigo que alguien me llama por mi nombre.

Abro los ojos y veo a mi madre caminando hacia mí. Tiene una mirada de preocupación. Sonrío y la saludo con la mano, y se **relaja**. "Me preguntaba adónde habías ido", dice. "Me alegro de que estés disfrutando de la playa". Le respondo: "Sí". "Esto es muy bonito". "Lo sé", dice ella. "Yo solía venir aquí todo el tiempo cuando tenía tu edad". "¿De verdad?" Pregunto. "Sí", responde. "Es un lugar especial". "¿Has conocido a alguien especial aquí?" le pregunto. "Sí", responde con una sonrisa. "A tu padre". "¿De verdad?" Digo, **sorprendido**. "Sí", dice ella. "Solíamos venir aquí siempre juntos. Es donde nos enamoramos". "Sonrío, **imaginando a** mis padres enamorándose en esta hermosa playa. "Es un lugar especial", repite. "Me

At the beach

After sunrise, the waves are louder and the sand above the tide is white. I walk down to the beach, **admiring** the sea and the sun. My toes feel the grooves of shells. The sand is cold on my toes. I smile and keep going. The tide is high, so I have to be careful not to get pulled in. I walk along the water's edge, admiring the sea. The sunrise is **beautiful**, and the waves are crashing. I feel so peaceful. I come to a spot where there is a rock outcropping. I sit down and watch the waves. The water is so blue and the sky is so **orange**. I feel like I'm in a dream. I close my eyes and just listen to the waves. I sat there for a long time, until I heard someone calling my name.

I open my eyes and see my mom walking towards me. She has a worried look on her face. I smile and wave, and she **relaxes**. "I was wondering where you went," she says. "I'm glad you're enjoying the beach." I reply, "I am." "It's so beautiful here." "I know," she says. "I used to come here all the time when I was your age." "Really?" I ask. "Yeah," she replies. "It's a special place.""Did you ever meet anyone special here?" I ask. "I did," she replies with a smile. "Your father." "Really?" I say, **surprised**. "Yes," she says. "We used to come here all the time together. It's where we fell in love. " I smile, **imagining** my parents falling in love on this beautiful beach. "It's a special place," she repeats. "I'm glad you came here today."

We sit there for a while longer, **watching** the waves and

alegro de que hayas venido hoy".

Nos quedamos sentados un rato más, **mirando** las olas y la puesta de sol. Luego nos levantamos y volvemos a nuestras toallas de playa. Me tumbo y miro las estrellas. Me siento muy feliz y contenta. Las olas son más fuertes y la arena está fría. El sol se pone y sopla una brisa fresca. Las olas chocan contra la orilla y el aire huele a sal. Es una tarde perfecta para estar en la playa. Estoy caminando por la orilla, **escuchando el** sonido de las olas y viendo la puesta de sol. Veo a un grupo de personas sentadas en la arena, riendo y bromeando. Parece que se lo están pasando muy bien. Me acerco a ellos y les pregunto si puedo unirme a ellos. Me dicen que sí y pasamos el resto de la tarde hablando, riendo y viendo la **puesta de sol**. Es una noche perfecta. El grupo y yo hablamos hasta que se pone el sol. Compartimos anécdotas y bromas, y nos lo pasamos muy bien. Cuando la noche empieza a caer, todos empezamos a sentirnos cansados. Nos **despedimos** con un beso y nos separamos. Vuelvo a mi hotel, feliz y contento. No puedo creer lo bonito que es este lugar. Tengo mucha suerte de haberlo **vivido**.

the sunset. Then we get up and walk back to our beach towels. I lie down and look at the stars. I feel so happy and content. The waves are louder now, and the sand is cold. The sun is setting and a cool breeze is blowing. The waves are crashing against the shore, and the smell of salt is in the air. It is a perfect evening to be at the beach.

I am walking along the shore, **listening** to the sound of the waves and watching the sunset. I see a group of people sitting on the sand, laughing and joking around. They look like they are having a great time. I walk over to them and ask if I can join them. They say yes, and we spend the rest of the evening talking, laughing, and watching the **sunset**. It is a perfect evening. The group and I talk until the sun sets. We share stories and jokes, and we all have a great time. As the night starts to fall, we all start to feel tired. We kiss each other **goodbye** and part ways. I walk back to my hotel, feeling happy and content. I can't believe how lovely it is here. I'm so lucky to have **experienced** it.

Preguntas de comprensión

1. ¿Dónde va la narradora después de despertar?

2. ¿Qué admira la narradora mientras camina por la playa?

3. ¿De qué tiene que cuidarse la narradora mientras camina por la playa?

4. ¿Dónde se sienta el narrador para disfrutar de la vista?

5. ¿Cuánto tiempo está el narrador sentado allí?

6. ¿A quién ve la narradora cuando vuelve a abrir los ojos?

7. ¿Qué dice la madre del narrador?

8. ¿De qué hablan la narradora y las personas que conoce?

Comprehension Questions

1. Where does the narrator go after she wakes up?

2. What is the narrator admiring as she walks along the beach?

3. What does the narrator have to watch out for as she walks along the beach?

4. Where does the narrator sit down to enjoy the view?

5. How long does the narrator sit there?

6. Whom does the narrator see when she opens her eyes again?

7. What does the narrator's mother say?

8. What do the narrator and the people she meets talk about?

Acampada en el lago

Camino hacia el lago, **admirando la** tranquilidad de la escena. El sol pega en el pequeño lago, haciendo que el agua parezca una lámina de cristal. El único movimiento es el de los peces que **rompen** la superficie. Incluso los pájaros parecen descansar del calor, y sólo el sonido de las cigarras llena el aire. **De repente, la** paz se rompe con un fuerte chapoteo. Un gran **pez** ha saltado fuera del agua, intentando atrapar una libélula. El pez no alcanza su objetivo y cae de nuevo al agua con un chapoteo. "¡Vaya!", pienso para mis adentros, "¡ese era un pez grande!". Miro a mi alrededor para ver si alguien más lo ha visto, pero no hay nadie. Supongo que tendré que contarlo cuando vuelva al campamento.

El calor es **agobiante** y dificulta la respiración. El aire es espeso y pesado, como una manta que te envuelve. El único alivio es el agua. Es fresca y refrescante, como una bebida fría en un día caluroso. Respiro profundamente y me sumerjo en el agua. El alivio es inmediato cuando el agua fresca me rodea. Nado hasta el fondo y luego vuelvo a la superficie, sintiendo que el agua refresca mi cuerpo. Sigo **nadando**, disfrutando del respiro del calor. Después de un rato, salgo del agua y me tumbo en la hierba, dejando que el sol me seque el cuerpo. Cierro los ojos y me duermo, el sonido de las **cigarras** me arrulla en un profundo sueño. Dejo que el sol me quite el agua de la piel. Siento que mi piel se enrojece, pero no me importa. Lo siguiente

Camping at the Lake

I walk towards the lake, **admiring** the peacefulness of the scene. The sun is beating down on the small lake, making the water look like a sheet of glass. The only movement is the occasional ripple from a fish **breaking** the surface. Even the birds seem to be taking a break from the heat, with only the sound of cicadas filling the air. **Suddenly**, the peace is broken by a loud splash. A large **fish** has jumped out of the water, trying to catch a dragonfly. The fish misses its target and falls back into the water with a splash. "Wow," I think to myself, "that was a big fish!." I looked around to see if anyone else saw it, but there was no one around. I guess I'll have to tell them when I get back to camp.

The heat is **oppressive**, making it hard to breathe. The air is thick and heavy, like a blanket wrapped around you. The only relief is in the water. It is cool and refreshing, like a cold drink on a hot day. I take a deep breath and dive into the water. The relief is immediate as the cool water surrounds me. I swim down to the bottom and then back up to the surface, feeling the water cool my body. I continue **swimming** laps, enjoying the respite from the heat. After a while, I get out of the water and lie down on the grass, letting the sun dry my body. I close my eyes and drift off to sleep, the sound of the **cicadas** lulling me into a deep slumber. I let the sun bake the water out of my skin. I can feel my skin getting red, but I don't care. I am too hot to care.The next thing I know, the sun is setting.

que sé es que el sol se está poniendo. El cielo es de un hermoso color naranja, con vetas de color rosa y púrpura. El calor ha desaparecido y ha sido sustituido por una **brisa** fresca.

Me levanto y me vuelvo a poner la ropa, sintiéndome renovada y rejuvenecida. **Respiro** profundamente el aire fresco y sonrío. Se siente bien estar vivo. Vuelvo al campamento, admirando la forma en que los colores bailan en el cielo. Veo la hoguera que arde a lo lejos y huelo el humo en el aire. Sonrío y **acelero el** paso. Estoy lista para relajarme y disfrutar del resto de la noche. Entro en el campamento y veo que todos están reunidos alrededor del fuego. **Ríen** y bromean, y puedo ver el fuego reflejado en sus ojos. Sonrío y me siento junto a mis amigos. Es bueno estar de vuelta. A la mañana siguiente, me despierto temprano y empiezo a recoger mis cosas. Estoy ansioso por volver a la ruta y continuar mi viaje. Me despido de mis amigos y empiezo a caminar. Mientras camino, echo un último vistazo al **campamento**. Veo que el fuego sigue ardiendo a lo lejos y puedo oler el humo en el aire. Sonrío y acelero el paso. Estoy listo para continuar mi **viaje**.

The sky is a beautiful orange, with streaks of pink and purple. The heat is gone, replaced by a cool **breeze**.

I get up and put my clothes back on, feeling refreshed and rejuvenated. I take a deep **breath** of the cool air and smile. It feels good to be alive. I walk back to the campsite, admiring the way the colors dance in the sky. I can see the campfire burning in the distance, and I can smell the smoke in the air. I smile and **quicken** my pace. I am ready to relax and enjoy the rest of my evening. I walk into the campsite and see that everyone is gathered around the fire. They are **laughing** and joking, and I can see the fire reflecting in their eyes. I smile and sit down next to my friends. It is good to be back. The next morning, I wake up early and start to pack up my things. I am eager to get back on the trail and continue my journey. I say goodbye to my friends and start to walk away. As I walk, I take one last look at the **campsite**. I can see the fire still burning in the distance, and I can smell the smoke in the air. I smile and quicken my pace. I'm ready to continue my **journey**.

Preguntas de comprensión

1. ¿Dónde va el caminante?

2. ¿Qué tiempo hace?

3. ¿Qué aspecto tiene el agua?

4. ¿Cómo reacciona el caminante al calor?

5. ¿Qué hace el pez?

6. ¿Por qué el caminante está solo?

7. ¿Cómo se siente el agua?

8. ¿Cómo se siente el caminante después de nadar?

9. ¿A qué hora del día se despierta el caminante?

10. ¿Adónde va el caminante cuando sale del campamento?

Comprehension Questions

1. Where is the walker going?

2. What kind of weather is it?

3. What does the water look like?

4. How does the walker react to the heat?

5. What is the fish doing?

6. Why is the walker alone?

7. How does the water feel?

8. How does the walker feel after swimming?

9. What time of day is it when the walker wakes up?

10. Where does the walker go when he leaves the camp?

La Casa

Me mudé a mi nueva casa la semana pasada y estoy muy **emocionada**. Es mucho más grande que la anterior y tiene un gran patio trasero. Me muero de ganas de tener amigos en casa para hacer barbacoas y fiestas. Mi parte favorita es mi nuevo dormitorio. Es muy grande y luminosa, y tengo mucho espacio para poner todas mis cosas. Estoy muy contenta con mi nueva casa y creo que seré muy feliz aquí. Decidí explorar la casa un poco más. Subí al segundo piso y empecé a dirigirme a la cocina cuando vi una gran araña negra en la pared. Grité y corrí escaleras abajo. Estaba muy **asustada**. Pero después de unos minutos, me calmé y decidí volver a subir. Me dirigí lentamente a la cocina y vi que la araña había desaparecido. Me sentí muy aliviada. Volví a bajar las escaleras y decidí salir a explorar el **patio trasero**. Era tan grande. No me lo podía creer. Vi un columpio en la esquina y un tobogán. También vi una red de baloncesto y una **cama elástica**. Estaba muy emocionada.

No puedo esperar a usar todas estas cosas nuevas. Los **vecinos** vinieron y se presentaron. Parecían muy simpáticos y estuvimos hablando un rato. Me invitaron a su barbacoa el próximo fin de semana y les dije que me encantaría ir. He pasado una primera semana estupenda en mi nueva casa, y estoy entusiasmada con todas las nuevas aventuras que me esperan. Hoy voy a ir a explorar de nuevo en el patio trasero y ver qué más puedo encontrar. Quién sabe, quizá encuentre

The House

I moved into my new house last week, and I am so **excited**! It is so much bigger than my old one, and it has a big backyard. I can't wait to have friends over for BBQs and parties. My **favourite** part is my new bedroom. It is so big and bright, and I have lots of space to put all of my things. I am really happy with my new house and I think I will be very happy here. I decided to explore the house a bit more. I went upstairs to the second floor and started making my way to the kitchen when I saw a big black spider on the wall! I screamed and ran downstairs. I was so **scared**! But after a few minutes, I calmed down and decided to go back upstairs. I slowly made my way to the kitchen and saw that the spider was gone. I was so relieved! I went back downstairs and decided to go outside to explore the **backyard**. It was so big! I couldn't believe it. I saw a swing set in the corner and a slide. I also saw a basketball net and a **trampoline**. I was so excited!

I can't wait to use all of this new stuff. The **neighbours** came over and introduced themselves. They seemed really nice, and we talked for a while. They invited me to their BBQ next weekend, and I said I would love to come. I had a great first week in my new house, and I am excited about all of the new adventures that are ahead. Today, I am going to go exploring in the backyard again and see what else I can find. Who knows, maybe I'll even find some **treasure**. I can't wait to see what the next week brings! The next week, I went exploring in the backyard again, and I found a

algún **tesoro**. Estoy deseando ver lo que me depara la próxima semana. A la semana siguiente, volví a explorar el patio trasero y encontré un jardín secreto. Era muy bonito. Había flores por todas partes y un pequeño estanque con peces. También vi un columpio que no había visto antes. Me emocioné mucho al encontrar este jardín secreto, y no puedo esperar a explorarlo más. Era muy **bonito**.

Había flores por todas partes y un pequeño estanque con peces. También vi un **columpio** que no había visto antes. Me emocionó mucho encontrar este jardín secreto y estoy deseando explorarlo más. También me encantó mi nueva habitación. Era tan grande y luminosa, y ya había pósters de mis grupos favoritos en las paredes. Ni siquiera tuve que traer mis propios **muebles** porque ya había una cama, una cómoda y un escritorio. ¡Este va a ser el mejor año de todos! Estaba un poco nerviosa por empezar en una nueva **escuela**, pero todos mis nuevos vecinos han sido muy amables. Incluso he conocido a una chica que vive en la puerta de al lado y dice que me acompañará al colegio el primer día. Me encanta mi nueva casa y estoy muy emocionada por empezar este nuevo capítulo de mi vida. Mañana va a ser genial. Me pregunto qué aventuras me esperan. Todas mis pertenencias han sido desempacadas y estoy lista para ir a la cama. No puedo esperar a ver lo que me depara **el día de mañana.**

secret garden. It was so beautiful! There were flowers everywhere and a little pond with fish in it. I also saw a swing set that I hadn't seen before. I was so excited to find this secret garden, and I can't wait to explore it more. It was so **beautiful**!

There were flowers everywhere and a little pond with fish in it. I also saw a **swing** set that I hadn't seen before. I was so excited to find this secret garden, and I can't wait to explore it more. I also loved my new room. It was so big and bright, and there were already posters of my favourite bands on the walls. I didn't even have to bring any of my own **furniture** because there was already a bed, dresser, and desk here. This is going to be the best year ever! I was a little nervous about starting at a new **school**, but all of my new neighbours have been so friendly. I even met a girl who lives next door, and she says that she'll walk to school with me on my first day. I love my new house, and I'm so excited to start this new chapter in my life! Tomorrow is going to be great! I wonder what adventures lie ahead. All of my belongings have been unpacked, and I'm ready for bed. I can't wait to see what **tomorrow** brings!

Preguntas de comprensión

1. ¿Dónde vive la persona?

2. ¿Qué le parece la persona en la nueva casa?

3. ¿Cuál es la parte favorita de la persona en la nueva casa?

4. ¿Qué encontró la persona en el jardín?

5. ¿Quiénes son los vecinos?

6. ¿Cómo fueron los primeros días de la persona en la nueva casa?

7. ¿Cuál es la parte favorita de la persona en la nueva habitación?

8. ¿Qué piensa hacer la persona mañana?

9. ¿Qué fue lo mejor de la primera semana de la persona en la nueva casa?

Comprehension Questions

1. Where does the person live?

2. How does the person like it in the new house?

3. What is the person's favorite part of the new house?

4. What did the person find in the garden?

5. Who are the neighbors?

6. How did the person's first days in the new house feel?

7. What is the person's favorite part of the new room?

8. What is the person planning to do tomorrow?

9. What was the best part of the person's first week in the new house?

En el tren

Corrí a la estación de tren, pero llegué demasiado tarde. El tren ya había partido sin mí. Me sentí muy **enfadada** y **decepcionada** conmigo misma. Había planeado coger el tren para visitar a mis abuelos, que viven en el campo, pero ahora tendría que esperar una hora entera al siguiente tren. Decidí pasear un rato por la ciudad y tratar de olvidar la oportunidad perdida. Mientras caminaba, empecé a **soñar** con todos los lugares a los que te puede llevar **el tren**. De repente, ya no estaba tan molesto. Vuelvo a la estación y no puedo evitar fijarme en la gran locomotora roja, blanca y azul que se dirige hacia mí. No es hasta que veo al **revisor** saludándome desde la ventanilla cuando me doy cuenta de que ese tren es para mí. Subo al tren y encuentro mi asiento, acomodándome para lo que promete ser un largo viaje.

Mientras salimos de la estación, no puedo evitar preguntarme a dónde me llevará este tren. A través de **campos** verdes y ríos azules, pasando por montañas y valles, no se sabe adónde irá este viejo tren. Cuando empieza a caer la noche, me quedo dormido, arrullado por el movimiento **rítmico** de los vagones en las vías. Cuando vuelve a amanecer, abro los ojos y veo que hemos llegado a un pequeño pueblo en medio de la nada. El sol acaba de asomar por el horizonte mientras los lugareños empiezan a arremolinarse en la calle principal; parece un día cualquiera, excepto por una cosa: hay un gran cartel colocado cerca del Ayuntamiento que dice "¡Bienvenidos a bordo!".

On the train

I ran to the train station, but I was too late. The train had already left without me. I felt so **angry** and **disappointed** with myself. I had been planning to take the train to visit my grandparents who live in the country, but now I would have to wait a whole hour for the next train. I decided to walk around the city for a while instead and tried to forget about my missed opportunity. As I walked, I started **daydreaming** about all of the places that **trains** can take you. Suddenly, I wasn't so upset anymore. I head back into the station and can't help but to notice the large red, white, and blue locomotive chugging its way towards me. It's not until I see the **conductor** waving at me from the window that I realise that this train is for me. I board the train and find my seat, settling in for what promises to be a long journey.

As we pull out of the station, I can't help but wonder where this train will take me. Through **fields** of green and over rivers blue, past mountains and valleys too, there's no telling where this old train will go. As night begins to fall, I drift off into a **peaceful** sleep, lulled by the **rhythmic** movement of the cars on the tracks below. When morning comes again, I open my eyes to find that we've arrived in a small town somewhere in the middle of nowhere. The sun is just peeking over the horizon as locals start milling about on Main Street; it looks like any other day here except for one thing-there's a big sign posted near City Hall that

Parece que esta pequeña ciudad nos ha estado esperando, a pesar de que sólo somos un tren de **pasajeros** ordinario que pasa por aquí de camino a otro lugar. Mientras dejamos atrás la ciudad una vez más, avanzando hacia quién sabe dónde, sonrío al ver todas las caras amistosas que se despiden desde esas pequeñas casas enclavadas entre **los campos de cultivo;** es realmente increíble cómo algo tan aparentemente ordinario puede traer tanta alegría simplemente por pasar. Y luego, por supuesto, están los **niños**.

Me asomo a la ventana de mi locomotora. Siempre me hacen sentir muy feliz con sus ojos brillantes y sus grandes sonrisas. Les devuelvo el saludo con energía antes de volver a mi **cabina** y tomar asiento. Ya ha sido un día muy largo, pero aún no ha terminado; todavía faltan algunas horas para llegar a nuestro **destino final**. Saco mi libro y empiezo a leer, dejando que el rítmico balanceo del tren me adormezca. De vez en cuando levanto la vista para ver el paisaje que pasa por fuera; nunca pasa de moda, no importa cuántas veces lo vea. Finalmente, la noche comienza a caer y las luces **parpadeantes** empiezan a aparecer en la distancia; nos estamos acercando. Pronto entramos en la estación y nos detenemos. Mientras los pasajeros empiezan a desembarcar, no puedo evitar **reflexionar** sobre cómo los trenes han sido siempre una parte tan importante de mi vida. Me han llevado a muchas aventuras, tanto reales como **imaginarias**, y por ello les estaré siempre agradecido.

reads "Welcome aboard!" It seems this little town has been expecting us, even though we're just an ordinary **passenger** train passing through on our way elsewhere. As we leave town behind us once more, chugging along towards who knows where next, I smile at all the friendly faces waving goodbye from those little houses nestled amongst **farmland**—it really is amazing how something so seemingly ordinary can bring so much joy simply by passing through. And then, of course, there are the **children**.

I lean out the window of my locomotive. They always make me feel so happy with their shining eyes and big grins. I waved back at them energetically before returning to my **cabin** and taking a seat. It's been a long day already, but it's not over yet; there's still another few hours until we reach our final **destination**. I pull out my book and start reading, letting the rhythmic rocking of the train lull me into a peaceful state. Every now and then I glance up at the scenery passing by outside— it never gets old no matter how many times I see it. Eventually, night starts to fall and **twinkling** lights start to appear in the distance; we're getting close now. Soon enough, we're pulling into the station and coming to a stop. As passengers start disembarking, I can't help but **reflect** on how trains have always been such an important part of my life. They've taken me on so many adventures, both real and **imaginary**, and for that I will be forever grateful.

Preguntas de comprensión

1. ¿A dónde va el tren?

2. ¿Quién viaja en el tren?

3. ¿Cuándo sale el tren?

4. ¿Cómo sube el protagonista al tren?

5. ¿De dónde viene el tren?

6. ¿Adónde va el tren ahora?

7. ¿Cuándo llegaron los pasajeros?

8. ¿Cómo se siente el protagonista cuando pierde el tren?

9. ¿Cómo reacciona el conductor del tren cuando ve al protagonista?

10. ¿Por qué le gustan los trenes al protagonista?

Comprehension Questions

1. Where is the train going?

2. Who is traveling on the train?

3. When does the train leave?

4. How does the protagonist get on the train?

5. Where does the train come from?

6. Where is the train going next?

7. When did the passengers arrive?

8. How does the protagonist feel when he misses the train?

9. How does the train driver react when he sees the protagonist?

10. Why does the protagonist like trains.

Cocinar la cena

Son las 5 de la tarde y estoy volviendo a casa desde el trabajo. Estoy **deseando pasar** una noche tranquila en casa con mi pareja. Prepararemos la cena juntos y luego nos relajaremos el resto de la noche. Me siento bien al saber que no tengo ningún plan ni obligación esta **noche**. Llego a casa y mi pareja ya está en la cocina, empezando a preparar nuestra cena. Huele **de maravilla**. Charlamos mientras cocinamos, poniéndonos al día y compartiendo pequeñas historias de nuestras vidas laborales. La cocina es mi habitación favorita de nuestro apartamento. Me encanta cocinar, y sobre todo cocinar con mi pareja. Siempre nos lo pasamos muy bien aquí, riendo y bromeando mientras cocinamos. Además, la comida siempre es **increíble** cuando trabajamos **juntos**.

Esta noche vamos a preparar una de mis recetas favoritas: **pollo** a la parmesana. Mi pareja empieza a empanar el pollo mientras yo pongo la salsa a hervir a **fuego** lento. Trabajamos juntos como una máquina bien engrasada y, en poco tiempo, la cena está lista para servir. Nos sentamos en nuestra pequeña mesa de cocina con **platos llenos** de pollo a la parmesana, pasta y ensalada. Brindamos por los vasos y damos el primer bocado, ¡y es **celestial**! El pollo está crujiente por fuera pero jugoso por dentro; la salsa es sabrosa y perfecta; la pasta está cocida al dente… todo sabe absolutamente perfecto esta noche. Los dos sabemos que esta fue una de esas noches en las que todo salió

Cooking Dinner

It's 5 pm now and I am walking home from work. I'm looking **forward** to having a calm evening at home with my partner. We'll cook dinner together and then just relax for the rest of the night. It feels good to know that I don't have any plans or obligations this **evening**. I arrive home and my partner is already in the kitchen, starting to prepare our dinner. It smells **amazing** in here! We chat as we cook, catching up on each other's days and sharing little stories from our work lives. The kitchen is my favourite room in our apartment. I love cooking, and I especially love cooking with my partner. We always have such a good time in here, laughing and joking around while we cook up a storm. Plus, the food is always **incredible** when we work **together**.

Tonight, we're making one of my all-time favourite recipes: **chicken** Parmesan. My partner starts by breading the chicken while I get the sauce simmering on the **stovetop**. We work together like a well-oiled machine, and before long, dinner is ready to serve. We sit down at our little kitchen table with **plates** heaped high with chicken Parmesan, pasta, and salad. We clink glasses and take our first bite—and it's **heavenly**! The chicken is crispy on the outside but juicy on the inside; the sauce is flavorful and perfect; the pasta is cooked al dente... everything tastes absolutely perfect tonight. We both know that this was one of those nights where everything just came together perfectly as we **savour** every last bite of our delicious meal. It tasted even

a la perfección mientras **saboreamos** hasta el último bocado de nuestra deliciosa comida. Sabía incluso mejor de lo que olía, ¡que era muy bueno! Terminamos la comida con relativa rapidez, ya que ninguno de los dos tiene especial hambre hoy, pero nos tomamos nuestro tiempo para disfrutar de unas cuantas **copas** de vino más mientras charlamos ligeramente sobre este y aquel tema. Después de la cena, limpiamos juntos rápidamente y nos trasladamos al salón, donde pasamos un rato **acurrucados** en el sofá mientras vemos la televisión.

Es tan agradable estar cerca el uno del otro después de un largo día **de trabajo** separados. Me siento satisfecha. Aunque no tuvimos una noche agitada, fue agradable pasar un tiempo juntos sin tener que salir de casa. Vimos una película y nos fuimos a la cama temprano, **satisfechos** de nuestra sencilla noche. Esto se ha convertido en una de nuestras actividades **favoritas** en las noches en las que no queremos salir: relajarnos en casa y disfrutar de la compañía del otro con una comida casera. Siempre es agradable saber que podemos volver aquí después de un largo día y ser nosotros mismos. Al **final**, los dos empezamos a bostezar, así que decidimos subir a la cama, donde leemos un rato antes de acurrucarnos bajo las sábanas y quedarnos profundamente dormidos.

better than it smelled—which was pretty damn good! We finish our meal relatively quickly as neither of us is particularly hungry today, but we take our time enjoying a few more **glasses** of wine while chatting lightly about this and that topic. After dinner, we clean up quickly together and then move into the living room, where we spend some time **cuddling** on the couch while watching TV.

It feels so nice just being close to each other after a long day apart **working**. I feel content. Even though we didn't have an eventful evening, it was nice to just spend some time together without having to leave the house. We watched a movie and went to bed early, feeling **satisfied** with our simple night in. This has become one of our **favourite** things to do on nights when we don't want to go out—just relax at home and enjoy each other's company over a home-cooked meal. It's always nice to know that we can come back here after a long day and just be ourselves. **Eventually**, we both start yawning, so we decide to head upstairs to bed, where we read for a bit before snuggling close under the covers and falling asleep soundly.

Preguntas de comprensión

1. ¿De dónde viene el narrador?

2. ¿Qué hace el narrador después del trabajo?

3. ¿Qué cena el narrador?

4. ¿Por qué le gusta la cocina al narrador?

5. ¿Qué tipo de plato cocina la pareja?

6. ¿Cómo se siente el narrador al final de la noche?

7. ¿Qué es lo que más le gusta hacer a la pareja?

8. ¿Qué hace la pareja cuando se cansa?

9. ¿Dónde duermen?

10. ¿Por qué al narrador le gusta quedarse en casa?

Comprehension
Questions

1. Where does the narrator come from?

2. What does the narrator do after work?

3. What does the narrator eat for dinner?

4. Why does the narrator like the kitchen?

5. What kind of dish does the couple cook?

6. How does the narrator feel at the end of the evening?

7. What is the couple's favorite thing to do?

8. What do the couple do when they get tired?

9. Where do they sleep?

10. Why does the narrator like to stay at home?

Caminando a casa

Era una noche **tranquila mientras volvía** a casa desde el trabajo. Mientras caminaba, no pude evitar sonreír ante los recuerdos. Me sentí bien al volver a mi antiguo barrio. Saludé a algunos conocidos y ellos me devolvieron el saludo. Era bueno estar en casa. Pasé por delante de mi antigua escuela y **recordé** todos los buenos momentos que pasé con mis amigos. Siempre íbamos juntos a casa y hablábamos de nuestro día. **A veces** nos parábamos a tomar un helado o íbamos al parque. Eran los mejores momentos. Echo de menos esos momentos. Pero ahora tengo mi propia familia y soy feliz con mi vida. Me alegro de poder recordar esos momentos y sonreír. Son una parte de mi vida que siempre apreciaré. Fueron los mejores tiempos. Echo de menos esos tiempos. Pero ahora tengo mi propia familia y soy feliz con mi vida. Me alegro de poder recordar esos **momentos** y sonreír. Son una parte de mi vida que siempre apreciaré.

Sigo caminando, pensando en los buenos momentos que pasé con mis amigos. Sé que los volveré a ver pronto. Me dirijo hacia mi casa y decido pasear por un parque cercano. El sol se está poniendo y el cielo se está volviendo de un **hermoso color** naranja. El parque está vacío, a excepción de algunos pájaros que cantan en los árboles. **Respiro** profundamente y sonrío. Mientras camino por el parque, veo una estrella fugaz que atraviesa el cielo. Pido un deseo a esa estrella y sigo caminando. Pienso en mi día de trabajo y

Walking Home

It was a **peaceful** night as I walked home from work. As I walked, I couldn't help but smile at the memories. It felt good to be back in my old neighborhood. I waved to a few people I knew, and they waved back. It was good to be home. I walked past my old school and **remembered** all the good times I had with my friends. We would always walk home together and talk about our day. **Sometimes** we would stop and get ice cream or go to the park. Those were the best times. I miss those times. But now I have my own family and I'm happy with my life. I'm glad I can look back on those memories and smile. They are a part of my life that I will always cherish. Those were the best times. I miss those times. But now I have my own family and I'm happy with my life. I'm glad I can look back on those **memories** and smile. They are a part of my life that I will always cherish.

I keep walking, thinking about the good times I had with my friends. I know I'll see them again soon. I head towards my home and decide to walk through a park nearby. The sun is setting and the sky is turning a **beautiful** orange color. The park is empty, except for a few birds chirping in the trees. I take a deep **breath** and smile. As I walk through the park, I see a shooting star streak across the sky. I made a wish on that star, and kept walking. I think about my day at work and how **peaceful** it was. I smile to myself, thinking about how lucky I am to have such a great job. I walk home,

en lo **tranquilo que** ha sido. Sonrío para mis adentros, pensando en la suerte que tengo de tener un trabajo tan bueno. Vuelvo a casa, **sintiendo** el aire fresco de la noche en mi piel. Me siento tan viva y feliz, disfrutando del simple hecho de volver a casa en una noche tranquila.
Me sentí tan bien que empecé a **silbar**. Pasé por delante de algunas personas en la calle, pero todas estaban ocupadas en sus propios asuntos.

Doblé la esquina de mi calle y vi al gato de mi vecino, el Sr. Bigotes, sentado en mi porche. Le saludé y me devolvió el maullido. **Abrí** la puerta y entré. Estaba muy contenta de estar en casa. Me quité los zapatos y me preparé para ir a la cama. Esa noche me acosté feliz y agradecida, con el corazón lleno de amor. Dormí profundamente toda la noche, sin preocuparme por nada. Me desperté de un sueño reparador y **me recibió** el sol que entraba por la ventana. Me levanté de la cama y me estiré, respirando profundamente y sintiendo cómo el aire fresco llenaba mis pulmones. Me acerqué a la ventana y miré hacia afuera, escuchando el canto de los pájaros y el juego de **las ardillas**. Sonreí y fui a vestirme, sintiéndome feliz y contenta. He pasado un día estupendo, pasando tiempo con mis **amigos** y mi familia. Me reí y bromeé y me **divertí**.

feeling the cool night air on my skin. I feel so alive and happy, just enjoying the simple act of walking home on a peaceful night.
I felt so good, I started **whistling**. I walked past a few people on the street, but they were all minding their own business.

I turned the corner onto my street and saw my neighbor's cat, Mr. Whiskers, sitting on my porch. I said hello to him and he meowed back. I **unlocked** my door and went inside. I was so happy to be home. I took off my shoes and got ready for bed. I went to bed that night feeling happy and grateful, my heart full of love. I slept soundly through the night, not worrying about anything. I woke up from a restful sleep and was **greeted** by the sun shining in through my window. I got out of bed and stretched, taking a deep breath and feeling the cool air fill my lungs. I walked to my window and looked out, hearing the birds chirping and the **squirrels** playing. I smiled and went to get dressed, feeling happy and content. I had a great day, spending time with my **friends** and family. I laughed and joked and just **enjoyed** myself.

Preguntas de comprensión

1. ¿Qué hacía el protagonista cuando empezó la historia?

2. ¿En qué pensaba el protagonista cuando volvía a casa?

3. ¿Qué solía hacer el protagonista con sus amigos después del colegio?

4. ¿Qué echa de menos el protagonista de aquellos tiempos?

5. ¿Qué piensa el protagonista de su vida actual?

6. ¿Qué hace el protagonista cuando ve una estrella fugaz?

7. ¿Cómo se siente el protagonista cuando vuelve a casa?

8. ¿Qué hace el protagonista al llegar a casa?

Comprehension Questions

1. What was the protagonist doing when the story started?

2. What did the protagonist think about when walking home?

3. What did the protagonist used to do with friends after school?

4. What does the protagonist miss about those times?

5. What does the protagonist think about their current life?

6. What does the protagonist do when they see a shooting star?

7. How does the protagonist feel when they walk home?

8. What does the protagonist do when they get home?

El castillo

La familia siempre había querido visitar un antiguo castillo en **Alemania,** y finalmente hicieron el viaje. No **les decepcionó**. El castillo era precioso y disfrutaron explorando sus numerosas habitaciones y pasillos. Lo primero que les llamó la atención fue el olor. Encontraron **moho**, humedad y algo más que no pudieron determinar. Lo segundo fue el sonido. Las paredes de piedra son gruesas, pero no amortiguan el sonido por completo. Oyeron cada paso, cada palabra pronunciada con voz normal y el ocasional goteo de agua en **algún lugar** de la distancia. Cuando sus ojos se adaptaron a la escasa luz, vieron que a su alrededor se alzaban enormes muros de piedra, de los que colgaban tapices **hechos jirones**. Se encontraban en un enorme salón con un alto techo sostenido por pilares tallados. También les encantaron las vistas desde las torretas, y los niños se lo pasaron en grande corriendo por el recinto. El **sol** había empezado a ponerse cuando terminaron de explorar el castillo, y lamentaron no haber traído una **linterna**. Decidieron volver a la entrada, pero pronto se perdieron. Estuvieron dando vueltas durante horas, hasta que finalmente dieron con una puerta que conducía al exterior. Continuaron hasta **llegar** al final del pasillo y se encontraron con un imponente conjunto de puertas dobles. Por mucho que lo intenten, las puertas no se mueven. Traquetean **siniestramente** pero no se mueven ni un centímetro. Parece que quienquiera que haya estado aquí antes debe haber pasado por aquí y haberlas cerrado desde dentro. Finalmente, encuentran una salida. El alivio los

The castle

The family had always wanted to visit an old castle in **Germany**, and finally they took the trip. They were not **disappointed**. The castle was beautiful, and they enjoyed exploring its many rooms and corridors. The first thing that hit them was the smell. They found **mould**, dampness, and something else they couldn't quite put their finger on. The second thing was the sound. Stone walls are thick, but they don't deaden sound completely. They heard every footstep, every word spoken in a normal voice, and the occasional drip of water **somewhere** in the distance. As their eyes adjusted to the dim light, they saw massive stone walls looming all around them, tapestries hanging from them in **tattered** shreds. They were standing in a huge hall with a high ceiling supported by carved pillars. They also loved the views from the turrets, and the kids had a great time running around the grounds. The **sun** had begun to set by the time they finished exploring the castle, and they regretted that they hadn't brought a **flashlight**. They decided to make their way back to the entrance, but soon found themselves lost. They wandered around for what felt like hours, until finally they came across a door that led outside. They continued until they **reached** the end of the hall and came to an imposing set of double doors. Try as they might, the doors wouldn't budge. They rattle **ominously** but don't move an inch. It looked like whoever was here before must have gone through here and locked them from inside. Eventually, they find a way out. Relief washed over them as they stepped out into the cool

invade cuando salen al aire fresco de la noche.

El sol empezaba a ponerse y **lamentaron no haber** traído una linterna. Decidieron volver a la entrada, pero pronto se perdieron. Estuvieron dando vueltas durante horas, hasta que finalmente dieron con una puerta que conducía **al exterior**. El alivio los invadió cuando salieron al aire fresco de la noche. A la noche siguiente, se aseguraron de llevar una linterna para explorar el resto del castillo. Atravesaron el **patio** y bajaron hasta el río que corría detrás de los muros del castillo. Mientras caminaban, empezaron a oír ruidos extraños. Parecía que alguien les seguía. Aceleraron el paso, pero los ruidos eran cada vez más fuertes y cercanos. La familia corrió de vuelta al castillo tan rápido como pudo, y se sintió aliviada al ver que la figura de la capa **oscura** no les había seguido.

Volvieron a su habitación y trataron de olvidar lo sucedido, pero no pudieron quitarse de encima la sensación de que algo les observaba desde las sombras. Una vez dentro, **pusieron barricadas** en las puertas y ventanas y llamaron a la policía. La noche fue larga, pero finalmente la policía llegó y detuvo a la figura. Más tarde descubrieron que se trataba de un hombre de la zona conocido por disfrazarse y asustar a la gente. Llevaba años haciéndolo y no era más que una broma **inofensiva**. Sin embargo, esta vez fue demasiado lejos y asustó a la gente equivocada. La policía le detuvo y le acusó de allanamiento y alteración del orden público.

night air.

The sun had begun to set, and they **regretted** that they hadn't brought a flashlight. They decided to make their way back to the entrance, but soon found themselves lost. They wandered around for what felt like hours, until finally they came across a door that led **outside**. Relief washed over them as they stepped out into the cool night air. The next evening, they made sure to take a flashlight with them as they explored the rest of the castle. They walked through the **courtyard** and down to the river that ran behind the **castle** walls. As they walked around, they began to hear strange noises. It sounded like someone was following them. They quickened their pace, but the noises got louder and closer. The family ran back to the castle as fast as they could, and they were relieved to see that the figure in the **dark** cloak had not followed them.

They went back to their room and tried to forget about what had happened, but they could not shake the feeling that something was watching them from the shadows. Once they were inside, they **barricaded** the doors and windows and called the police. It was a long night, but eventually the police arrived and apprehended the figure. They later found out that it was just a local man who was known to dress up and scare people. He had been doing it for years, and it was just a **harmless** prank. However, this time he had gone too far and scared the wrong people. The police arrested him and charged him with trespassing and disturbing the peace.

Preguntas de comprensión

1. ¿Qué hizo la familia cuando se perdió en el castillo?

2. ¿Cómo se sintió la familia cuando se enteró de que era sólo un hombre de la zona?

3. ¿Qué hizo el hombre para que lo detuvieran?

4. ¿Cuál fue la sentencia para el hombre?

5. ¿Qué ruido escuchó la familia mientras caminaba?

6. ¿Dónde estaba la figura de la capa oscura cuando la familia lo vio?

7. ¿Qué hizo la familia al volver a su habitación?

8. ¿Cuándo volvió la familia a explorar el castillo?

Comprehension Questions

1. What did the family do when they got lost in the castle?

2. How did the family feel when they found out it was just a local man?

3. What did the man do that got him arrested?

4. What was the sentence for the man?

5. What noise did the family hear while they were walking?

6. Where was the figure in the dark cloak when the family saw him?

7. What did the family do when they got back to their room?

8. When did the family go explore the castle again?

Mi jardín

Mi jardín es mi lugar feliz. Salgo todos los días, llueva o haga sol, y me dedico a cuidar mis plantas. Tengo un poco de **todo: verduras**, frutas, flores y hierbas. Incluso tengo unas cuantas gallinas que me ayudan a mantener a raya las plagas. Empiezo mis días en el jardín recogiendo los huevos de las gallinas. Luego compruebo las verduras y me aseguro de que reciben suficiente agua y sol. Deshierbo los parterres y elimino los bichos que puedan estar **atacando** las plantas. Una vez que **todo** está resuelto, me siento a disfrutar de la paz y la tranquilidad de la naturaleza.

Siempre me ha gustado pasar tiempo en mi jardín. Hay algo en estar rodeado de la naturaleza y de toda la **belleza que** ofrece. Me parece un lugar muy tranquilo y calmado. A menudo paso tiempo en mi jardín relajándome y disfrutando del paisaje. También me gusta trabajar en mi jardín y cultivar cosas. Tengo un jardín bastante grande y me gusta cultivar **diferentes** cosas en él. Cultivo flores, **verduras** y hierbas. También tengo algunos árboles frutales que producen deliciosas manzanas, peras y ciruelas. Además de cultivar cosas, también me gusta pasar tiempo paseando por mi jardín, **admirando todas las** plantas y animales que lo llaman hogar. He pasado muchas horas a lo largo de los años trabajando para hacer de mi **jardín** un lugar no sólo hermoso sino también funcional. Me encanta ver a los pájaros revolotear y escucharlos cantar. A veces incluso saco un libro y leo en el jardín mientras estoy rodeada de toda la belleza que he creado. **La jardinería** es mi

My Garden

My garden is my happy place. I go out there every day, rain or shine, and spend time tending to my plants. I have a little bit of **everything**-vegetables, fruits, flowers, herbs. I even have a few chickens that help keep the pests at bay. I start my days in the garden by gathering eggs from the chickens. Then I check on my veggies, making sure they are getting enough water and sun. I weed the beds and pick off any bugs that might be **attacking** the plants. Once **everything** is taken care of, I sit back and enjoy the peace and quiet of nature.

I have always loved spending time in my garden. There is something about being surrounded by nature and all of the **beauty** that it has to offer. I find it to be a very peaceful and calming place. I often spend time in my garden just relaxing and enjoying the scenery. I also enjoy working in my garden and growing things. I have a pretty good-sized garden, and I like to grow a variety of **different** things in it. I grow flowers, **vegetables**, and herbs. I also have a few fruit trees that produce some delicious apples, pears, and plums. In addition to growing things, I also enjoy spending time just walking around my garden, **admiring** all of the different plants and animals that call it home. I have spent many hours over the years working on making my **garden** into a place that is not only beautiful but also functional. I love to watch the birds flit around and listen to them sing. Sometimes I even bring out a book and read in the garden while surrounded by all the beauty that I've

pasión y me da mucha alegría. Cada día en mi jardín es un buen día.

Una de las cosas que me gusta hacer es cocinar, así que tener un jardín de hierbas bien surtido es muy **importante para** mí. El tomillo, la albahaca, el orégano, el romero, la salvia y la lavanda son algunas de las hierbas que me gusta cultivar en mi jardín para poder utilizarlas cuando cocino para mí o para **mis invitados**. Otra cosa importante para mí cuando se trata de mi jardín es asegurarse de que haya mucho color en él. Para conseguirlo, cultivo una gran variedad de flores, como **rosas**, lirios, margaritas, tulipanes, impatiens, caléndulas, etc. Además de añadir color con las flores, también me gusta añadir interés utilizando diferentes **texturas** por todo el jardín. Por ejemplo, puedo plantar helechos debajo de grandes girasoles o hostas **junto a** hierbas ornamentales de punta. Independientemente de lo que me ocurra en la vida, trabajar en mi jardín siempre **me ayuda a** sentirme más conectada con la naturaleza y en paz conmigo misma.

created. **Gardening** is my passion and it brings me so much joy. Every day in my garden is a good day.

One of the things that I love to do is cook, so having a well-stocked herb garden is very **important** to me. Thyme, basil, oregano, rosemary, sage, and lavender are just some of the herbs that I like to grow in my garden so that I can use them when cooking meals for myself or for **guests**. Another thing that is important to me when it comes to my garden is making sure that there is plenty of colour throughout it. To achieve this goal, I grow a wide variety of flowers, including **roses**, lilies, daisies, tulips, impatiens, marigolds, etc. In addition to adding colour with flowers, I also like to add interest by using different **textures** throughout the garden. For instance, I might plant ferns beneath towering sunflowers or hostas **alongside** spiky ornamental grasses. No matter what else might be going on in life, working in my garden always **manages** to help me feel more connected to nature and at peace with myself.

Preguntas de comprensión

1. ¿Dónde está el jardín del autor?

2. ¿Cuántos pollos tiene el autor?

3. ¿Qué hace el autor en el jardín cada día?

4. ¿Por qué le gusta el jardín al autor?

5. ¿Qué hierbas planta el autor en el jardín?

6. ¿Por qué es importante para el autor que haya muchos colores en su jardín?

7. ¿Cómo aporta el autor variedad a su jardín?

8. ¿Cómo se siente el autor cuando trabaja en su jardín?

9. ¿Qué hace que el autor se sienta conectado cuando está en su jardín?

Comprehension Questions

1. Where is the author's garden?

2. How many chickens does the author have?

3. What does the author do in the garden every day?

4. Why does the author like the garden?

5. What herbs does the author plant in the garden?

6. Why is it important to the author that there are many colors in his garden?

7. How does the author bring variety to his garden?

8. How does the author feel when he works in his garden?

9. What makes the author feel connected when he is in his garden?

Ir de compras

Me encanta ir **de compras** al centro comercial. Siempre es muy divertido pasear y ver todas las tiendas. Hay algo para todo el mundo en el centro comercial, y siempre es un buen lugar para encontrar ofertas en ropa, zapatos y accesorios. **Suelo** empezar mis compras por la **entrada** principal del centro comercial. Desde allí, me dirijo primero a mis tiendas favoritas. Después de mirar esas tiendas, me doy una vuelta para ver si hay rebajas en otros sitios. Suelo pasar un par de horas en el centro comercial antes de hacer mis compras. Siempre me gusta tomarme mi tiempo cuando voy de compras, **porque** quiero asegurarme de que compro **exactamente** lo que quiero. Además, así es más divertido.

Siempre me parece **fascinante** observar a la gente mientras estoy en el centro comercial. Se puede saber mucho de una persona por su forma de comprar. Algunas personas son muy metódicas y se toman su tiempo, mientras que otras parecen coger **todo lo que** pueden y dirigirse a la caja lo más rápido posible. También hay compradores que parecen más interesados en hablar por el móvil o enviar mensajes de texto que en mirar la mercancía. Sin embargo, sea cual sea el tipo de comprador, todo el mundo parece disfrutar mirando los escaparates, aunque no se compre nada. Hay algo en mirar todas las cosas bonitas de los **escaparates** que me hace feliz. A veces fantaseo con cómo sería si pudiera comprar **todo lo**

Going Shopping

I love going **shopping** in the mall. It's always so much fun to walk around and look at all the different stores. There's something for everyone in the mall, and it's always a great place to find deals on clothes, shoes, and accessories. I **usually** start my shopping trip by walking through the main **entrance** of the mall. From there, I head to my favourite stores first. After looking through those stores, I'll walk around and see if there are any sales going on at other places. I usually end up spending a couple hours in the mall before I finally make my purchases. I always like to take my time when shopping **because** I want to make sure that I'm getting **exactly** what I want. Plus, it's just more fun that way!

I always find it so **fascinating** to people watch while I'm at the mall. You can really tell a lot about a person by the way they shop. Some people are very methodical and take their time, while others just seem to grab **whatever** they can and head for the check-out as fast as possible. There are also those shoppers who seem more interested in talking on their cell phones or texting than actually looking at any of the merchandise! No matter what kind of shopper you are, though, everyone seems to enjoy window shopping—even if you don't actually buy anything. There's just something about looking at all of the pretty things in the store **windows** that makes me happy. Sometimes I fantasise about what it would be like if I could afford **everything** I see! All in all, spending a day shopping at the mall is one

que veo. En definitiva, pasar un día de compras en el centro comercial es uno de mis pasatiempos favoritos. Es una forma estupenda de relajarse y desconectar al tiempo que se hace un poco de ejercicio (si se camina lo suficiente). Además, **siempre está bien darse un** capricho con una camisa o un par de zapatos nuevos de vez en cuando.

Tuve un **largo** día de trabajo y por fin tuve algo de tiempo para mí, así que decidí ir de compras al centro comercial. Necesitaba ropa nueva para la **próxima** temporada. Nada más entrar, vi todas las luces brillantes y los escaparates relucientes. Me dirigí primero a mi tienda favorita y empecé a mirar los estantes. Encontré unos cuantos tops bonitos y me los probé en el probador. Mientras me miraba en el espejo, oí que alguien entraba en el **probador** contiguo al mío. Reconocí su voz como la de una de mis compañeras de trabajo. Nos saludamos y empezamos a charlar sobre el trabajo. Al cabo de unos minutos, los dos terminamos y nos fuimos por **separado,** pero más tarde volvimos a encontrarnos. Seguimos charlando y nos damos cuenta de que tenemos más cosas en común de las que pensábamos. Terminamos nuestras bebidas y nos dirigimos a casa para pasar la noche, **agotados** por un largo día de compras, pero contentos con nuestras adquisiciones.

of my favourite pastimes. It's a great way to relax and unwind while also getting a little bit of exercise (if you walk around enough). Plus, it's **always** nice to treat yourself to a new shirt or pair of shoes every now and then!

I had a **long** day at work and finally had some time to myself, so I decided to go shopping at the mall. I needed some new clothes for the **upcoming** season. As soon as I walked in, I saw all the bright lights and shiny storefronts. I headed to my favourite store first and started browsing through the racks. I found a few cute tops and tried them on in the dressing room. As I was looking at myself in the mirror, I heard someone coming into the **dressing** room next to mine. I recognised their voice as one of my co-workers. We said hello and started chatting about work. After a few minutes, we both finished up and went our **separate** ways, but then ran into each other again later. We continued chatting and realised that we had more in common than we thought. We finished our drinks and then headed home for the night, **exhausted** from a long day of shopping but happy with our purchases nonetheless.

Preguntas de comprensión

1. ¿Dónde le gusta más almacenar?

2. ¿Cuál es su tienda favorita en el centro comercial?

3. ¿Cuánto tiempo suele permanecer en el centro comercial?

4. ¿Qué opinas de la gente que pasa mucho tiempo en el centro comercial? 5. ¿Qué es lo que más te gusta hacer en el centro comercial?

6. ¿Alguna vez has comprado algo en el centro comercial cuando realmente no lo necesitabas?

7. ¿Cómo reaccionas cuando ves en el centro comercial algo que te gustaría mucho, pero es demasiado caro?

8. ¿Alguna vez has visto algo en el centro comercial y te has preguntado quién lo compraría?

Comprehension Questions

1. Where do you like to store the most?

2. What is your favorite store in the mall?

3. How long do you usually stay at the mall?

4. What do you think about people who spend a lot of time at the mall? 5. what is your favorite thing to do at the mall?

6. Have you ever bought something at the mall when you didn't really need it?

7. How do you react when you see something at the mall that you would really like, but it is too expensive?

8. Have you ever seen something at the mall and wondered who would buy it?

En el mercado

Me levanto temprano el sábado por la mañana, ansiosa por llegar al **mercado** antes de que se llene de gente. Me pongo algo de ropa y salgo por la puerta, cogiendo mis bolsas reutilizables por el camino. Mientras camino, empiezo a planear lo que quiero hacer para la semana que viene. Sé que quiero **asar** verduras al menos una vez, así que tendré que comprar verduras de buena calidad. También quiero hacer una sopa o un guiso, así que también tendré que comprar carne. Tendré que ver qué tiene buena pinta cuando llegue allí. El mercado está a unas pocas manzanas y ya veo los puestos instalados y la **gente** arremolinada.

Llego al mercado y me dirijo directamente al puesto de verduras. La selección es preciosa y lleno mis bolsas con una gran variedad de productos **frescos**. Hablo un rato con el agricultor y me recomienda algunas recetas. Estoy deseando probarlas. Mientras compro, charlo con los **agricultores para** conocerlos a ellos y a sus productos. Cuando tengo todas las verduras que necesito, paso a la sección de carne. Aquí estoy un poco más indecisa, ya que no estoy segura de lo que quiero comprar. Al final me decido por el pollo porque es versátil y se puede utilizar en una gran variedad de platos. También compro varios cortes de carne, asegurándome de comprar carne de vaca alimentada con pasto y **pollo** de corral. El carnicero era un hombre amable, siempre alegre a pesar de las largas horas de trabajo. Me envolvió las pechugas de pollo y el filete

At the Market

I wake up early on Saturday morning, eager to get to the **market** before it gets too crowded. I throw on some clothes and head out the door, grabbing my reusable bags on the way. As I walk, I start planning what I want to make for the week ahead. I know I want to **roast** vegetables at least once, so I'll need to buy some good quality vegetables. I also want to make a soup or stew, so I'll need to get some meat as well. I'll have to see what looks good when I get there. The market is only a few blocks away, and I can already see the stalls set up and the **people** milling about.

I arrive at the market and head straight for the vegetable stand. The selection is beautiful, and I fill my bags with a variety of **fresh** produce. I chat with the farmer for a bit, and he recommends some recipes to me. I'm excited to try them out. I chat with the **farmers** as I shop, getting to know them and their products. After I have all the vegetables I need, I move on to the meat section. I'm a bit more hesitant here, as I'm not sure what I want to get. I eventually decide on chicken because it is versatile and can be used in a variety of dishes. I also buy a few different cuts of meat, making sure to get grass-fed beef and free-range **chicken**. The butcher was a friendly man, always cheerful despite the long hours he worked. He wrapped up my chicken breasts and steak before chatting to me about his weekend plans. I said goodbye to him and continued on my way. I also grabbed some eggs and cheese from the

antes de charlar conmigo sobre sus planes para el fin de semana. Me despedí de él y seguí mi camino. También compré huevos y queso en la sección de productos lácteos.

El mercado bullía de gente, todos ellos ansiosos por hacerse con los productos frescos y la carne que se ofrecían. El aire huele a ajo y cebolla, y el sonido de las risas y las conversaciones llena el ambiente. Me abrí paso entre la multitud, eligiendo los demás artículos que necesitaba para mi compra semanal. Llené mi **cesta** de fruta y verdura, pasta y pan, antes de dirigirme a la caja. La cola era larga, pero avanzaba rápidamente. Por fin, compré los últimos **alimentos** y fue hora de volver a casa. Cargamos el coche y el viaje a casa fue largo y tedioso. El tráfico era intenso y el calor era agobiante. Finalmente, el coche entró en la calzada y el alivio fue palpable. La casa estaba fresca y tranquila, y era un refugio después del **ajetreo** del mercado. Todo estaba guardado y la casa pronto volvió a su tranquilidad habitual. Tenía todo lo que necesitaba para preparar unas **deliciosas** comidas para mí y para mi familia. Era bueno estar en casa.

dairy section.

The market was bustling with people, all of them eager to get their **hands** on the fresh produce and meat that were on offer. The air was thick with the smell of garlic and onions, and the sound of laughter and conversation filled the air. I made my way through the crowd, picking out the other items I needed for my weekly shop. I filled my **basket** with fruit and vegetables, pasta and bread, before heading to the checkout. The queue was long, but it moved quickly. Finally, the last of the **groceries** were bought, and it was time to go home. The car was loaded up, and the drive home was long and tedious. The traffic was heavy and the heat was oppressive. Finally, the car pulled into the driveway and the relief was palpable. The house was cool and quiet, and it was a haven after the **hustle** and bustle of the market. Everything was put away, and the house was soon back to its usual peace and quiet. I had everything I needed to make some **delicious** meals for myself and for my family. It was good to be home.

Preguntas de comprensión

1. ¿Dónde va la persona?

2. ¿Qué quiere comprar la persona?

3. ¿Cuántas bolsas tiene la persona?

4. ¿A qué distancia está el mercado?

5. ¿Qué está haciendo la persona en este momento?

6. ¿Qué es todo en el mercado?

7. ¿Cuántas personas hay en el mercado?

8. ¿Cuánto tiempo tardó la persona en comprar todo?

9. ¿Cómo se fue la persona a su casa?

10. ¿Qué hizo la persona al llegar a casa?

Comprehension Questions

1. Where is the person going?

2. What does the person want to buy?

3. How many bags does the person have?

4. How far away is the market?

5. What is the person doing right now?

6. What is everything in the market?

7. How many people are in the market?

8. How long did it take the person to buy everything?

9. How did the person go home?

10. What did the person do when he or she got home?

En una cafetería

Era una fría mañana **de otoño** y había quedado con mi amiga Lily en nuestra cafetería favorita para tomar un café. Me abrigué con mi abrigo y mi bufanda y me puse en marcha. Las hojas se caían de los árboles y el aire era un poco frío, pero el sol brillaba y prometía ser un día precioso. Mientras caminaba, **pensé** en lo bueno que era tener una amiga como Lily. Éramos amigas desde hacía años, desde que nos conocimos en **la universidad**. Nos unía nuestra afición al café y a pasar tiempo charlando en las cafeterías. Aunque ahora vivíamos en zonas distintas de la ciudad, nos las arreglábamos para quedar para tomar un café una vez a la semana. Llegué a la cafetería y Lily ya estaba allí, esperándome. Nos abrazamos y pedimos nuestros cafés. Encontramos una mesa junto a la ventana y nos sentamos a charlar. El **café** estaba delicioso, como siempre, y fue muy agradable ponerse al día con Lily. Hablamos de nuestra semana, nuestros trabajos y nuestros planes para el futuro. Siempre era tan fácil hablar con Lily, y sentía que podía contarle cualquier cosa. Después de un rato, empezamos a tener hambre y **decidimos** pedir algo de comida.

Pedimos la comida y nos sentamos junto a la ventana. El sol entraba por la ventana, haciendo que todo fuera cálido y alegre. Charlamos mientras comemos, disfrutando del simple placer de estar en **compañía** del otro. La cafetería estaba llena de gente, pero no se sentía abarrotada. Había una sensación de paz y

At a Cafe

It was a chilly **autumn** morning, and I had arranged to meet my friend Lily at our favourite cafe for a coffee. I wrapped up warm in my coat and scarf and set off. The leaves were falling from the trees and the air had a nip to it, but the sun was shining and it promised to be a beautiful day. As I walked, I **thought** about how good it was to have a friend like Lily. We had been friends for years, ever since we met at **university**. We bonded over our love of coffee and spending time chatting in cafes. Even though we now lived in different parts of the city, we still managed to meet up for coffee once a week. I arrived at the cafe, and Lily was already there, waiting for me. We hugged each other hello and then ordered our coffees. We found a table by the window and settled down to chat. The **coffee** was delicious, as always, and it was so nice to catch up with Lily. We talked about our week, our jobs, and our plans for the future. It was always so easy to talk to Lily, and I felt like I could tell her anything. After a while, we started to get hungry and **decided** to order some food.

We **ordered** our food and found a seat by the window. The sun was shining in through the window, making everything feel warm and happy. We chatted as we ate our food, enjoying the simple pleasure of being in each other's **company**. The cafe was busy, but it didn't feel crowded. There was a feeling of peace and contentment in the air. As we finished our food, we sat for a while longer, just enjoying the peaceful

satisfacción en el aire. Cuando terminamos nuestra comida, nos sentamos un rato más, disfrutando de la **atmósfera de** paz. Hablamos durante un rato de diferentes cosas que nos habían pasado en la vida. Fue muy agradable ponerse al día con mi amigo y **relajarse**. El sol brillaba a través de la ventana y parecía que **nada** podía arruinar nuestro día perfecto.

De repente, oí un fuerte golpe. Me di la vuelta y vi que un hombre había caído por el techo y estaba tendido en el suelo frente a nosotros. Estaba **cubierto** de polvo y escombros y parecía estar inconsciente. Mi amigo y yo nos quedamos en estado de shock mientras miramos al hombre tendido en el suelo. No sabíamos qué hacer ni a quién pedir ayuda. Nos quedamos sentados mirándole, sin saber qué hacer. Al cabo de unos minutos, me recuperé y llamé al 911. La operadora me dijo que alguien llegaría pronto. Colgué el teléfono y le conté a mi amigo lo que había dicho la operadora. Nos quedamos sentados esperando a que llegara la ayuda. Me pareció una eternidad, pero finalmente **apareció** una ambulancia. Los paramédicos se apresuraron a entrar y comenzaron a trabajar en el hombre. Rápidamente determinaron que estaba herido y que había que llevarlo al **hospital**. Mi amigo y yo nos sentimos aliviados de que la ayuda hubiera llegado y de que el hombre fuera a ponerse bien. **Terminamos** nuestra comida y seguimos con nuestro día, agradecidos de que al final todo saliera bien.

atmosphere. We talked for a while about different things that had been going on in our lives. It was so nice to catch up with my friend and just **relax**. The sun was shining through the window, and it felt like **nothing** could ruin our perfect day.

Suddenly, I heard a loud crash. I turned around to see that a man had fallen through the ceiling and was lying on the floor in front of us. He was **covered** in dust and debris and appeared to be unconscious. My friend and I were both in shock as we stared at the man lying on the floor. We didn't know what to do or who to call for help. We just sat there staring at him, not knowing what to do. After a few minutes, I snapped out of it and called 911. The operator told me that someone would be there soon. I hung up the phone and told my friend what the **operator** had said. We both just sat there waiting for help to arrive. It felt like forever, but eventually an ambulance **showed** up. The paramedics rushed in and started working on the man. They quickly determined that he was injured and needed to be taken to the **hospital**. My friend and I were relieved that help had arrived and that the man was going to be okay. We **finished** our food and went on with our day, thankful that everything turned out alright in the end.

Preguntas de comprensión

1. ¿De dónde viene el hombre que cae por el tejado?

2. ¿Por qué está la mujer con su amiga en el café?

3. ¿Cuál es el café favorito de los dos amigos?

4. ¿Desde cuándo se conocen los dos amigos?

5. ¿Cuál es la bebida favorita de los dos amigos?

6. ¿En qué ciudad viven los dos amigos?

7. ¿Con qué frecuencia se encuentran los dos amigos?

8. ¿De qué hablan los dos amigos cuando se encuentran por primera vez en su café favorito?

9. ¿Cuál es la comida favorita de los dos amigos?

10. ¿Por qué es tan fácil hablar con Lily?

Comprehension Questions

1. Where does the man who falls through the roof come from?

2. Why is the woman with her friend in the café?

3. What is the two friends' favorite café?

4. How long have the two friends known each other?

5. What is the two friends' favorite drink?

6. In which city do the two friends live?

7. How often do the two friends meet?

8. What do the two friends talk about when they first meet at their favorite café?

9. What is the favorite food of the two friends?

10. Why is it so easy to talk to Lily?

Ir a nadar

La piscina siempre era un lugar **refrescante,** y hoy no era diferente. El sol brillaba y el agua parecía atractiva. Respiré profundamente y me zambullí, sintiendo el fresco abrazo del agua. Nadé un rato, disfrutando del ejercicio y de la oportunidad de despejar la cabeza. Después de un rato, salí y me sequé, y me senté en una toalla para relajarme al sol. Cerré los ojos y dejé que el **calor** me bañara, sintiendo que mis músculos empezaban a relajarse. De repente, oigo un chapoteo y abro los ojos para ver a mi hermana pequeña **remando** en la parte menos profunda. Sonreí y la observé durante un rato, luego me levanté y me acerqué a ella. Charlamos un rato y remamos juntas, disfrutando de la compañía de la otra. Pronto se unieron nuestros padres y pasamos el resto de la tarde nadando y jugando juntos. Siempre es muy agradable pasar tiempo con la familia en la piscina. Hay **algo** en el agua que parece unir a la gente. Tal vez sea porque todos somos iguales cuando estamos en el agua, no podemos ocultar nuestros defectos ni fingir lo que no somos. O tal vez porque es divertido. **Cualquiera que sea** la razón, me alegro de que hayamos podido reunirnos y disfrutar de la compañía de los demás en un lugar tan especial.

El sol golpeaba mi piel y el olor a cloro estaba en el aire. Oigo el sonido de los niños riendo y chapoteando en la piscina. Estaba tumbada en una tumbona junto a la piscina, tomando el sol y **disfrutando** del día. Tenía los ojos cerrados y estaba a punto de dormirme cuando oí que alguien se acercaba a mí. Abrí los ojos y vi a una

Going Swimming

The pool was always a **refreshing** place to be, and today was no different. The sun was shining and the water looked inviting. I took a deep breath and dove in, feeling the cool embrace of the water. I swam laps for a while, enjoying the exercise and the chance to clear my head. After a while, I got out and dried off, then sat down on a towel to relax in the sun. I closed my eyes and let the **warmth** wash over me, feeling my muscles start to relax. Suddenly, I heard a splash and opened my eyes to see my little sister **paddling** around in the shallow end. I smiled and watched her for a while, then stood up and walked over to her. We chatted for a bit and paddled around together, enjoying each other's company. Soon, our parents joined us, and we spent the rest of the afternoon swimming and playing games together. It was always so nice to spend time with the family at the pool. There's **something** about being in the water that just seems to bring people together. Maybe it's because we're all equal when we're in the water—we can't hide our flaws or pretend to be something we're not. Or maybe it's just because it's fun! **Whatever** the reason, I was just glad that we could all come together and enjoy each other's company in such a special place.

The sun was beating down on my skin and the smell of chlorine was in the air. I could hear the sounds of kids laughing and splashing around in the pool. I was lying on a **lounge** chair next to the pool, soaking up the sun

mujer de pie junto a mí. Llevaba un bikini y una toalla alrededor de la cintura. Tenía el pelo largo y rubio y los ojos azules. Llevaba un bote de **crema solar** en la mano. "¿Te importa si te pongo un poco de crema solar en la espalda?", me preguntó. "No, está bien", dije, sentándome para que pudiera alcanzar mi espalda. Sentí sus manos en mi piel mientras me aplicaba el protector solar.

Su tacto era suave y el aroma de la crema solar era relajante. Volví a cerrar los ojos y me relajé. Podía oír el **sonido** de sus movimientos, pero no abrí los ojos. Me contenté con estar tumbado al sol, escuchando el sonido de las olas **que** chocaban contra la orilla. Después de unos minutos, se alejó y abrí los ojos. La observé mientras volvía a su tumbona y cogía su libro. Se acomodó en su silla y empezó a leer. Volví a cerrar los ojos y me dejé llevar por el sueño. **Soñé** que nadaba en la piscina, dando vueltas de un lado a otro. El agua era refrescante y fresca en mi piel. Podía sentir el sol en mi cara y el calor del agua rodeándome. Nadé durante lo que **me parecieron** horas, hasta que finalmente llegué al otro lado de la piscina y salí. Me secé con una toalla y me tumbé en la tumbona. Sentí que alguien se sentaba a mi lado y abrí **los ojos** para ver a la mujer de antes. Me dio una bebida fría y nos sentamos juntos, disfrutando del sol y de la compañía del otro.

and **enjoying** the day. I had my eyes closed and was just about to drift off to sleep when I heard someone walking up to me. I opened my eyes and saw a woman standing next to me. She was wearing a bikini and had a towel wrapped around her waist. She had long blonde hair and blue eyes. She was holding a bottle of **sunscreen** in her hand. "Do you mind if I put some sunscreen on your back?" she asked. "No, that's fine," I said, sitting up so she could reach my back. I felt her hands on my skin as she applied the sunscreen.

Her touch was gentle and the scent of the sunscreen was soothing. I closed my eyes again and let myself relax. I could hear the **sound** of her moving around, but I didn't open my eyes. I was content just lying there in the sun, listening to the sound of the waves **crashing** against the shore. After a few minutes, she walked away, and I opened my eyes. I watched her as she walked back to her lounge chair and picked up her book. She settled into her chair and began reading. I closed my eyes again and let myself drift off to sleep. I **dreamed** that I was swimming in the pool, doing laps back and forth. The water was refreshing and cool on my skin. I could feel the sun on my face and the warmth of the water surrounding me. I swam for what **seemed** like hours, until finally I reached the other side of the pool and climbed out. I towelled myself off and lay down on my lounge chair. I felt someone sit down next to me, and I opened my **eyes** to see the woman from earlier. She handed me a cold drink, and we sat there together, enjoying the sun and each other's company.

Preguntas de comprensión

1. ¿Dónde estaba el narrador cuando comienza la historia?

2. ¿Qué huele el narrador cuando abre los ojos?

3. ¿Qué oye el narrador cuando abre los ojos?

4. ¿De quién es el protector solar que le da la mujer al narrador?

5. ¿Con qué sueña el narrador?

6. ¿Por qué nadar en el mar es tan especial para el narrador?

7.¿Cómo se siente el agua en la que nada el narrador?

8. ¿Qué ve el narrador cuando sale del agua?

Comprehension Questions

1. Where was the narrator when the story begins?

2. What does the narrator smell when he opens his eyes?

3. What does the narrator hear when he opens his eyes?

4. Whose sunscreen does the woman give the narrator?

5. What does the narrator dream about?

6. Why is swimming in the ocean so special to the narrator?

7. What does the water feel like when the narrator swims in it?

8. What does the narrator see when he comes out of the water?

Cortar el césped

Son las 10 de la mañana de un **sábado** de verano y el sol ya está pegando sin piedad. Te diriges al garaje para coger el cortacésped, con la sensación de estar **condenado** a realizar trabajos forzados. Empiezas a cortar el césped, asegurándote de ir despacio para no perder ningún punto. Mientras cortas, piensas en lo bien que te sientes al aire libre. Cuando empiezas a empujar el cortacésped de un lado a otro del césped, ves a tu vecino de **reojo**. Le saludas con la mano y él te devuelve el saludo.

Después de unos minutos, has terminado y te diriges a la casa de tu vecino para tomar una cerveza con él en el jardín delantero. Es un día **perfecto**: no hace demasiado calor y sopla una suave brisa. Te sientas a la sombra del árbol, bebes tu cerveza y charlas con tu vecino. Son días como éste los que te hacen apreciar el verano. Luego entras a tomar una merecida cerveza. Te tumbas en una silla del porche y abres la lata, dejando escapar un suspiro de satisfacción. El sonido del cortacésped pasa a un segundo plano mientras te relajas a la sombra, disfrutando de la **tranquilidad del** momento. La cerveza sabe muy bien después de todo el trabajo duro en el calor. Estaba a punto de entrar cuando oigo un ruido en la puerta de al lado.

Parecía que alguien estaba llorando. Dejé de cortar el césped y me acerqué a la valla que separaba nuestros patios. Me asomé y vi a mi vecina, la señora Johnson, llorando en el columpio de su porche. La llamé, pero

Mowing the Lawn

It's 10 in the morning on a summer **Saturday**, and the sun is already beating down mercilessly. You trudge out to the garage to fetch the lawn mower, feeling like you're being **sentenced** to hard labor. You start mowing the lawn, making sure to go nice and slow so you don't miss any spots. As you're mowing, you think about how good it feels to be outside in the fresh air. As you start pushing the mower back and forth across the lawn, you see your neighbour out of the corner of your **eye**. You wave and say hi, and he waves back.

After a few minutes, you're done, and you head over to your neighbour's house to have a beer with him in the front garden. It's a **perfect** day—not too hot, with a gentle breeze blowing. You sit there in the shade of the tree, sipping your beer and chatting with your neighbour. It's days like this that make you appreciate summertime. Then you **head** inside for a well-deserved beer. You flop down in a chair on the front porch and crack open the can, letting out a contented sigh. The sound of the mower fades into the background as you relax in the shade, enjoying the **peacefulness** of the moment. The beer tastes extra good after all that hard work in the heat. I was about to head inside when I heard a noise next door.

It **sounded** like someone was crying. I stopped mowing and walked over to the fence that separated our yards. I peered over and saw my neighbor, Mrs. Johnson, crying on her porch swing. I called out to her, but she

no me oyó. Trepé por la valla y me acerqué a ella. "Sra. Johnson, ¿está usted bien?" le pregunté. Me miró con lágrimas en los ojos y negó con la cabeza. "No, no estoy bien", dijo. "Mi gato murió ayer". Me sorprendió. No sabía qué decir. Me quedé de pie, sin saber qué hacer. Finalmente, le puse la mano en **el hombro** y le dije: "Lo siento mucho, señora Johnson. Si hay algo que pueda hacer para ayudar, por favor hágamelo saber". "Ella negó con la cabeza y dijo: "No, **no hay nada** que nadie pueda hacer". Luego se levantó y entró en su casa. Me quedé allí un momento, sin saber qué hacer. Luego volví a cortar el césped. Mientras terminaba, no pude evitar pensar en la señora Johnson y su gato.

didn't hear me. I climbed over the fence and walked over to her. "Mrs. Johnson, are you okay?" I asked. She looked up at me with tears in her eyes and shook her head. "No, I'm not okay," she said. "My cat died yesterday." I was shocked. I didn't know what to say. I just stood there awkwardly, not knowing what to do. Finally, I put my hand on her **shoulder** and said, "I'm so sorry, Mrs. Johnson. If there's anything I can do to help, please let me know. " She shook her head and said, "No, there's **nothing** anyone can do." Then she got up and went inside her house. I stood there for a moment, not knowing what to do. Then I went back to mowing my lawn. As I finished up, I couldn't help but think about Mrs. Johnson and her cat.

Preguntas de comprensión

1. ¿Qué hora es?

2. ¿Dónde está la persona que corta el césped?

3. ¿Cómo se siente la persona?

4. ¿Por qué hay que segar despacio?

5. ¿Qué tiempo hace?

6. ¿Qué hace la persona después de segar?

7. ¿Qué oye la persona antes de irse a casa?

8. ¿Quién está con la Sra. Johnson?

9. ¿Por qué llora la Sra. Johnson?

10. ¿Qué le dice la persona a la Sra. Johnson?

Comprehension Questions

1. What time is it?

2. Where is the person mowing?

3. How does the person feel?

4. Why does the person have to mow slowly?

5. What kind of weather is it?

6. What is the person doing after mowing?

7. What does the person hear before going home?

8. Whois with Mrs. Johnson?

9. Why is Mrs. Johnson crying?

10. what does the person say to Mrs. Johnson?

Cortarse el pelo

Llevaba semanas queriendo cortarme el pelo, pero siempre me las arreglaba para posponerlo. Pero con **la Navidad a** la vuelta de la esquina, sabía que no podía posponerlo más. No quería llegar a la cena de Navidad de mi familia con un aspecto desaliñado. Así que, a primera hora de la mañana de Navidad, me dirigí a la peluquería. Aunque era temprano, la peluquería ya estaba ocupada con otras personas que se **estaban** peinando para las fiestas. Me puse en la cola y esperé mi turno. Finalmente, me tocó el turno de la silla. La estilista, una amable mujer llamada Jill, me preguntó qué quería. "Sólo un recorte, nada demasiado drástico", respondí. Jill se puso a trabajar, recortando mi pelo. Mientras trabajaba, empecé a relajarme. Me sentí bien por fin cuidando de mí misma. Últimamente había estado tan ocupada, corriendo de un lado a otro cuidando de todos los demás, que había dejado de lado mis propias necesidades. Pero **ya** no. A partir de ahora, iba a sacar tiempo para mí.

Cuando Jill terminó, me miré en el espejo y quedé satisfecha con lo que vi. Mi cabello se veía ordenado y pulido, perfecto para las reuniones navideñas. **Le di las gracias a Jill** y tomé nota de que volvería más a menudo. A partir de ahora, lo primero que haré será cuidarme a mí misma. Se puso a trabajar cortando mi cabello. Pensé en lo agradecida que estaba de haberme cortado el pelo por fin. Me sentí bien al saber que estaría presentable para la **cena de** Navidad.

Getting a Haircut

I had been meaning to get a haircut for weeks, but somehow always managed to put it off. But with **Christmas** just around the corner, I knew I couldn't put it off any longer. I didn't want to show up to my family's Christmas dinner looking like a scruffy mess. So, early on Christmas morning, I made my way to the salon. Even though it was early, the salon was already busy with other people **getting** their hair done for the holiday. I took my place in the line and waited my turn. Finally, it was my turn in the chair. The stylist, a friendly woman named Jill, asked me what I wanted. "Just a trim, nothing too drastic," I replied. Jill got to work, snipping away at my hair. As she worked, I began to relax. It felt good to finally be taking care of myself. I had been so busy lately, running around taking care of everyone else, that I had let my own needs fall by the wayside. But not **anymore**. From now on, I was going to make time for myself.

When Jill was finished, I looked in the mirror and was pleased with what I saw. My hair looked tidy and polished—perfect for holiday gatherings. I **thanked** Jill and made a **mental** note to come back more often. From now on, I will take care of myself first and foremost. She got to work snipping away at my hair. I thought about how thankful I was that I had finally gotten around to getting my haircut. It felt good to know that I would look presentable for Christmas **dinner**. No longer would I have to worry about my family teasing

Ya no tendría que preocuparme de que mi familia se burlara de mi aspecto "desaliñado". Después de unos minutos, el estilista terminó de cortarme el pelo y me secó rápidamente. Me miré en el espejo y me sentí feliz con lo que vi: un aspecto limpio que sería perfecto para la cena de Navidad. Ahora que mi corte de pelo había terminado, podía centrarme en disfrutar de las vacaciones con mi familia. Y estaba aún más agradecida por ello.

Me sentí muy **liberada** y me encantó el aspecto de mi nuevo corte de pelo. Después de pagar mi corte de pelo, me fui a casa y empecé a hacer la maleta para mi viaje. Me **moría de** ganas de enseñar mi nuevo look a mi familia y amigos. Sabía que se sorprenderían cuando me vieran. El día de mi vuelo, llegué al aeropuerto con tiempo de sobra. Pasé el control de seguridad sin problemas y pronto me puse en camino. En cuanto llegué a mi destino, pude sentir la emoción en el aire. Definitivamente, ¡la Navidad está en el aire! Mi familia estaba allí para recibirme en el aeropuerto, y todos estaban sorprendidos por mi nuevo corte de pelo. Pasamos los siguientes días **poniéndonos al** día y disfrutando de la **compañía de los** demás. En Nochebuena, fuimos todos juntos a la iglesia y cantamos villancicos. Fueron unas vacaciones perfectas. Me alegro mucho de haberme cortado el pelo antes de irme de vacaciones. Hizo que toda la experiencia fuera aún más especial. Cada vez que miro **las fotos** de ese viaje, siempre recuerdo lo bien que me sentí al deshacerme por fin de todo ese peso muerto y empezar de cero con un nuevo look.

me about my "scruffy" appearance. After a few minutes, the stylist was finished trimming my hair and gave me a quick blow dry. I looked in the mirror and was happy with what I saw—a clean-cut look that would be perfect for Christmas dinner. Now that my haircut was out of the way, I could focus on enjoying the holiday with my family. And I was even more thankful for that.

It felt so **liberating**, and I loved the way my new haircut looked. After I paid for my haircut, I went home and started packing for my trip. I **couldn't** wait to show off my new look to my family and friends. I knew they would be surprised when they saw me. On the day of my flight, I arrived at the airport with plenty of time to spare. I went through security without any problems, and soon I was on my way. As soon as I arrived at my destination, I could feel the excitement in the air. Christmas was definitely in the air! My family was there to greet me at the airport, and they were all amazed at my new haircut. We spent the next few days **catching** up and enjoying each other's **company**. On Christmas Eve, we all went to church together and sang carols. It was a perfect holiday. I'm so glad I got my haircut before going on vacation. It made the whole experience even more special. Every time I look back at **photos** from that trip, I'll always remember how good it felt to finally get rid of all that dead weight and start fresh with a new look.

Preguntas de comprensión

1. ¿Qué tenía que hacer el protagonista antes de Navidad?

2. ¿Cómo se sentía la protagonista al cuidar de sí misma?

3. ¿Quién recortó el pelo del protagonista?

4. ¿Por qué la familia de la protagonista iba a burlarse de ella?

5. ¿Cómo se sintió la protagonista después de cortarse el pelo?

6. ¿Qué hizo la protagonista después de cortarse el pelo?

7. ¿Cuál fue la reacción de la familia de la protagonista ante su corte de pelo?

8. ¿Qué hizo el protagonista en Nochebuena?

Comprehension Questions

1. What did the protagonist need to do before Christmas?

2. How did the protagonist feel about taking care of herself?

3. Who trimmed the protagonist's hair?

4. Why was the protagonist's family going to tease her?

5. How did the protagonist feel after getting her haircut?

6. What did the protagonist do after getting her haircut?

7. What was the protagonist's family's reaction to her haircut?

8. What did the protagonist do on Christmas Eve?

El parque

El sol se ponía y el parque estaba vacío. Me senté en el banco, esperando a mi **amiga**. Habíamos quedado aquí hace una hora, pero ella siempre llegaba tarde. Justo cuando estaba a punto de rendirme y volver a casa, la vi correr hacia mí.

"Lo siento mucho", jadeó al llegar al banco. "Mi tren se **retrasó**".

"Está bien", dije **con perdón**. "Acabo de llegar yo mismo".

Nos sentamos y charlamos un rato, poniéndonos al día de la vida de cada uno desde la última vez que nos vimos. La conversación fluye con **facilidad** y parece que no ha pasado nada de tiempo desde la última vez que nos vimos. Al ponerse el sol, nos despedimos y nos fuimos por caminos distintos. La siguiente vez que nos vimos fue en otro parque. De nuevo, llegó tarde, pero no me importó. Era agradable tener a alguien con quien hablar y que me **entendiera**. Hablamos de nuestros sueños y **aspiraciones**, de las cosas que queríamos hacer con nuestras vidas. Ella me contó sus planes de viajar por el mundo, y yo compartí mi sueño de convertirme en escritor. Al ponerse el sol un día más, nos despedimos una vez más, prometiendo que esta vez nos mantendríamos en contacto.

Pasaron los años y nuestra **amistad** siguió siendo fuerte, aunque ahora vivíamos en diferentes partes del país. Nos mantuvimos en contacto mediante cartas y llamadas telefónicas ocasionales, compartiendo

The Park

The sun was setting, and the park was empty. I sat on the bench, waiting for my **friend**. We had planned to meet here an hour ago, but she was always late. Just as I was about to give up and go home, I saw her running towards me.
"I'm so sorry," she panted as she reached the bench. "My train was **delayed**."
"It's okay," I said **forgivingly**. "I just got here myself."

We sat down and chatted for a while, catching up on each other's lives since we last met. The conversation flowed **easily**, and it felt like no time had passed at all since we last saw each other. As the sun set, we said our goodbyes and went our separate ways. The next time we met, it was in a different park. Again, she was late, but I didn't mind. It was nice to have someone to talk to who **understood** me. We talked about our dreams and **aspirations**, things we wanted to do with our lives. She told me about her plans to travel the world, and I shared my dream of becoming a writer. As the sun set on another day, we said goodbye once again, promising to keep in touch this time.

Years passed, and our **friendship** remained strong even though we lived in different parts of the country now. We kept in touch through letters and occasional phone calls, sharing news of our lives with each other. When she announced that she was getting married, I wasn't **surprised** - she had always been the **adventurous** type. But when she asked me if I would

noticias de nuestras vidas. Cuando anunció que se iba a casar, no me **sorprendió**, ya que siempre había sido una **aventurera**. Pero cuando me pidió que fuera su dama de honor en la ceremonia de su boda, que se celebraba al otro lado del mundo desde donde yo vivía... ¡hubo que convencerla! Al final, no podía dejar que mi mejor amiga se casara sin estar a su lado, así que, a pesar de mis temores (¡y tras muchas súplicas por su parte!), acepté acompañarla en lo que resultó ser la **aventura** de su vida.

Por fin llegó el día de la **boda**. Estaba nerviosa, pero emocionada por formar parte de un momento tan importante en la vida de mi amiga. La ceremonia fue preciosa, y ella parecía feliz mientras decía sus votos. **Después**, lo celebramos con una gran fiesta: ¡parecía que todos sus conocidos habían venido a celebrarlo con ella! Fue un día **mágico** que nunca olvidaré, y nuestra amistad no hizo más que fortalecerse después de aquella aventura. Ahora, años después, seguimos en contacto. Las dos hemos **cambiado** mucho desde que nos conocimos, pero nuestra amistad es tan fuerte como siempre. Cada vez que nos encontramos, ya sea en un parque o en **el otro lado del mundo**, parece que no ha pasado el tiempo.

be her maid of honor at her wedding ceremony taking place halfway around the world from where I lived... that took some convincing! In the end though I couldn't let my best friend get married without me by her side so despite my fears (and after much pleading from her!)I **agreed** to go along for what turned out to be the **adventure** of a lifetime.

The day of the **wedding** finally arrived. I was nervous, but excited to be a part of such an important moment in my friend's life. The ceremony was beautiful, and she looked happy as she said her vows. **Afterward**, we celebrated with a big party – it seemed like everyone she knew had come to celebrate with her! It was a **magical** day that will never forget, and our friendship only grew stronger after that adventure. Now, years later, we still keep in touch. We've both **changed** a lot since we first met, but our friendship is as strong as ever. Whenever we meet up - whether it's in a park or **halfway** around the world - it feels like no time has passed at all.

Preguntas de comprensión

1. ¿Dónde se conocieron la autora y su amiga?

2. ¿Por qué el amigo del autor llegó tarde a su reunión?

3. ¿De qué hablaron los amigos cuando se reencontraron años después?

4. ¿Cómo se sintió la autora al asistir a la ceremonia de la boda de su amiga?

5. Describe el escenario de la ceremonia de la boda.

6. ¿Cómo ha cambiado la amistad entre las dos mujeres a lo largo del tiempo?

7. ¿Cuál es el sueño del autor?

8. ¿Dónde piensa viajar el amigo del autor?

9. ¿Por qué la autora dudaba en asistir a la ceremonia de boda de su amiga?

Comprehension Questions

1. Where did the author and her friend first meet?

2. Why was the author's friend late to their meeting?

3. What did the friends talk about when they met up again years later?

4. How did the author feel about attending her friend's wedding ceremony?

5. Describe the setting of the wedding ceremony.

6. How has the friendship between the two women changed over time?

7. What is the author's dream?

8. Where does the author's friend plan to travel?

9. Why was the author hesitant to attend her friend's wedding ceremony?